प्रेम गिलहरी दिल अखरोट

(नवलेखन पुरस्कार से सम्मानित कविता-संग्रह)

प्रेम गिलहरी दिल अखरोट

बाबुषा कोहली

भारतीय ज्ञानपीठ

वाणी प्रकाशन : भारतीय ज्ञानपीठ की पुस्तकों
के एकमात्र प्रकाशक एवं वितरक

तीसरा संस्करण : 2021
चौथा संस्करण : 2022
पाँचवाँ संस्करण : 2023

लोकोदय ग्रन्थमाला : ग्रन्थांक 1256

प्रकाशक
वाणी प्रकाशन ग्रुप
4695, 21-ए, दरियागंज, नयी दिल्ली-110 002
फ़ोन : 011-23273167, 23275710
ईमेल : sales@vaniprakashan.in

ISBN : 978-93-5518-011-7

प्रेम गिलहरी दिल अखरोट
(कविता-संग्रह)
बाबुषा कोहली

PREM GILHARI DIL AKHROT
(Poetry Collection)
by Baabusha Kohli

मुद्रक : आर. टेक ऑफ़सेट प्रिंटर्स, दिल्ली-110 032

आवरण चित्र : अवधेश मिश्र

Price : INR. 300

माँ, पापा के लिए

अनुक्रम

यात्रा

चलने से पहले मैंने अपनी जेबों में
कुछ स्वप्न भर लिये थे
उन दिनों मेरी आँखों में सूरज का ताप था
चमकीले स्वप्न मेरी आँखें तकते सूरजमुखी

क़दमों के नीचे लेटी हुई सड़क
मुझसे ज़्यादा चलती थी
एक रोज़ वह किसी उफनती नदी की तरह
इस ग्रह के बाँध तोड़ बाहर निकल गयी

अन्तरिक्ष एक खरब साल से सूखा पड़ा है

वह कैसा दौर था जब
पाँव हृदय बन जाना चाहते थे
हृदय बन जाना चाहता था आँखें
आँखें बन जाना चाहती थीं स्वप्न
स्वप्न बन जाना चाहते थे पंख

सड़कें जीवित होती हैं और भूखी भी
लाशें खाती हैं लहू पीती हैं
पैंतीस साल की औरत-सी आकर्षक और जानलेवा होती हैं
सड़कों की रगों में दौड़ते हैं इलेक्ट्रॉन और प्रोटॉन
सड़कें स्वप्न को पछाड़ देती हैं रेस में अकसर

ये सड़कें आदमखोर होती हैं

सूरज के सातों घोड़े दौड़ते हैं आकाश भर
सूरज टस से मस नहीं होता
जलते हुए चलने का भ्रम पैदा करता है

जीवन विरोधाभासों का अद्‌भुत म्यूज़ियम है
जहाँ ठहरा हुआ सूरज जीवित है
और लगातार चलनेवाले पाँव सुन्न पड़ जाते हैं

सड़क पर कथाएँ फैली पड़ी हैं
और जहाँ-तहाँ बिखरे पड़े हैं टूटे रंगीन पंख
बलि माँगती सड़कों के सामने रीढ़ की हड्‌डी लचीली हो जाती है
बहुत पहले किसी भले आदमी ने बताया था
सूरजमुखी का रस घाव भर देता है
जेबें टटोलीं—हाथ आए लिसलिसे केंचुए और कछुए
ढीठ क़दम घिसटते हैं पर सड़कों से पराजित नहीं होना चाहते

मोड़ का बुजुर्ग बरगद 'हिस्टीरिया' का शिकार लगता है
पागलों-सा राह चलते लोगों को पुकारता है
यह चेतावनी का बरगद है
यह बोध का बरगद है

एक दिन लहूलुहान क़दमों का मस्तिष्क से संवाद टूटा

वहाँ से सब दिखता है—ऐसा सुना था
ठहरा हुआ सूरज बरगद से छन कर बरसते हुए कहता है—
हज़ार सालों का धुँधलका छँट जाएगा

दूर चौराहे पर माइकेल एंजेलो दिखता है
जो अपने ही कन्धों पर 'द लास्ट जजमेंट' टाँगे चला आ रहा है

मृत्यु तराजू उठाने के पहले आँखों पर काली पट्टी बाँधती है
कई बार सत्य कसाई की तरह बेरहम होते हैं
किसी की अरथी कोई नहीं ढोता
यहाँ तक कि अर्थ भी ख़ुद ही ढोते हैं अपनी अरथी

सड़क कितनी भी कच्ची हो, चला जा सकता है
स्वयं तक पहुँचने की सड़क दुरूह है

अन्तरिक्ष को भिगोती सड़क
सिकुड़कर मेरे क़दमों तले आ गयी है
रेखाएँ हथेलियाँ लाँघ माथे तक जा पहुँची हैं
और माथा पार कर धीरे-धीरे अन्तरिक्ष की ओर बढ़ रही हैं
टूटनेवाले तारे की विलीन होती पूँछ
मेरी हथेलियों की रेखाएँ ही हैं

आख़िरी बार जेबें टटोलीं कुछ स्वर्ण-कमल हाथ लगे हैं
मुँह में गंगाजल और दही रख कुछ देर मैं सोना चाहती हूँ

अब तक जो रचा गया सब प्रतिध्वनि है

नींद से उठकर
ध्वनि के बारे में कुछ बताऊँगी

आवाज दृश्य है

पलकों की ज़िल्द के नीचे ढँकी किताब
छुपा लेना चाहती थी अपना नाम
आख़िर तक पढ़ गयी मैं
बिना कहीं पन्ने मोड़े

कोलाहल में भी आँसुओं को सुन सकती हूँ
मौन में गुनगुना सकती हूँ पीड़ा
मैं छू सकती हूँ आत्मा की ऊपरी त्वचा

आत्मा के नहीं होते हज़ारों महल
उसका घर भुरभुरा है
आधा ही लीपा है मैंने मिट्टी का आँगन
रात का कलेजा काट देती हूँ देह की दूरी के राग से
लोहे की आरी पर नाचते हैं मेरे गीत
उत्सव से कम तो हर्गिज़ नहीं है जीवन

दुनिया की किसी पेंटिंग में नहीं दिखाया जा सकता
बर्फ़ीले पर्वतों का पिघलना
न ही किसी पहाड़ी नदी का उमगना

लहरों के सारे चित्र झूठे हैं

दृश्य गल कर अदृश्य हो जाते हैं

अदृश्य के जमने पर उमड़ता है आँखों के सामने
एक क्षणभंगुर दृश्य

देख सकती हूँ साफ़ कोहरे के मोटे पर्दों के पार
कि उसकी आवाज मेरे जीवन का एकमात्र दृश्य है

ख़बरची

[जो असम्भव तरीक़ों से जिया जाता है वही सत्य है बाक़ी सब तो सत्यनारायण की पंजीरी]

मेरा पता जानना चाहते हैं आप
दौड़ने और भागने के फ़र्क़ के बीच में मेरा मकान पड़ता है
मैं ताज़ा लहू की गन्ध के पीछे भागता ड्राकुला हूँ
मेरी नींदों में मेरा पीछा करते हैं पागल कुत्ते

एक औरत पीटती थी पत्थर
पीठ पर कोई दुधमुँहा बाँधे हुए
अपने पूरे लाव-लश्कर के साथ छाती पीटता मैं
काम में ज़रूरी हो जाता है कई बार कचरा भरना
क्या देखा नहीं आपने कभी
कि कैसे कचरे के ढेर पर फटेहाल बच्चे ढूँढ़ते हैं काम की चीज़ें

जीवन सापेक्षता का सिद्धान्त है

उन्हें काटना है जीवन
जीवन मुझे पतंग समझता है
कट कर गिरता हूँ
झाड़ियों में उलझ जाता हूँ
पागल कुत्ते काट भी सकते हैं मुझे जो नींदों में मेरा पीछा करते हैं
चूने से कट जाती है जीभ कभी तब जान जाता हूँ
कि काला कौव्वा सफ़ेद चूने के रूप में आया है
काले को सफ़ेद कर देता हूँ सफ़ेद को काला

टीआरपी काटता हूँ
कभी-कभी काले कौव्वे से कट जाता हूँ
मैं देश के बाबत कह सकता हूँ

बाढ़ पर डुबाए रख सकता हूँ चौबीस घंटे तक तमाम घड़ियाँ
आपकी स्क्रीन को धू-धू कर जला सकता हूँ किसी अग्निकांड पर
गीली मिट्टी पर एलियन्स के पैरों के निशान तक दिखा सकता हूँ
गीले आटे की वजह से जो रोटी गोल न बेल सकी सरकार
उस रोटी को संसद की तरी में डुबोकर खा सकता हूँ
मैं तन्दूर पर रोटी सेंक सकता हूँ

श्रीमद्‌भागवत की प्रवचन माला का प्रसारण कृष्ण की याद कम है
जीने का जुगाड़ ज़्यादा
सौ मन का हो जाता है मन कभी कभी
अमन का पैग़ाम दिखाते दिखाते

उनकी आपदा मेरी सम्पदा है
मैं हर वक़्त जागता रहता हूँ
मेरे कैमरे से लार बहती रहती है

एक औरत का बलात्कार हुआ था
मैं ही था जो तब भी वक़्त को मात दे सकता था
मैं सबसे आगे था सबसे तेज़ था सबसे पहले था
जबकि औरत पीछे छूट गयी थी
ठीक वैसे ही जैसे इम्तिहान में छूट भी जाए कोई सवाल तो क्या
दोस्तों के आगे कॉलर ताने मैंने ही जमा किया था सबसे पहले पर्चा

मैं सबसे आगे था सबसे तेज़ और सबसे पहले भी
पागल कुत्ते मेरी नींदों में मेरा पीछा करते हैं
सुबह बिस्तर पर पसीने पसीने पाया जाता हूँ

कुछ लालची खर्राटे मेरे स्वप्न चाट-चाट कर खा जाते हैं

उनकी भरपेट नींद का इन्तज़ाम करता हूँ
मैं उठता हूँ
थके हुए कदमों से चल पड़ता हूँ
फिर भागता हूँ बहुत तेज़ भागता हूँ
बहुत अच्छी तरह से जानता हूँ ये बात
कि जो असम्भव तरीक़ों से जिया जाता है वही सत्य है
बाक़ी सब तो सत्यनारायण की पंजीरी

दिन भर पंजीरी बाँटता हूँ
खुद भी फाँकता हूँ
मैं भागता हूँ बहुत तेज़ भागता हूँ
कि पागल कुत्ते मेरी नींदों में मेरा पीछा करते हैं

चौथा आदमी

[खलील जिब्रान के लिए]

वहाँ चार आदमी थे

पहला—शब्दों से भरा हुआ था
उसके मुँह से ही नहीं
नाक, कान और आँखों से भी
शब्द टपकते थे
शब्दों के ढेर पर खड़ा
उसे गीता कंठस्थ थी
पर कृष्ण का पता न था

दूसरा—अर्थों से भरा हुआ था
वह हर समय परिभाषाएँ गढ़ता
मौसम खगोल रहस्य
आकाश पाताल
भूगोल राजनीति
कला प्रेम की
व्याख्या करता
अर्थों को खोजती उसकी नज़रें
मेरे उभारों और गोलाइयों की विवेचना करती थीं

तीसरा—मौन से भरा हुआ था
उसके माथे पर चन्दन चमकता
उसके मौन के चारों ओर अपार भीड़ थी

उसे पूजा जाता
उसका तना हुआ चेहरा देख लगता था
उसने अपनी ज़ुबान का गला दबा रखा हो
उसकी जबान को छोड़
बाक़ी सब कुछ बोलता था
उसके मौन में बहुत शोर था

और एक था चौथा आदमी

ख़ालीपन से भरा हुआ था
घुटनों के बल बैठा
आकाश को निहारता
उसकी ख़ाली आँखें भरी हुई थीं
खींचतीं थीं
जैसे ल्युनैटिक्स को
खींचता है चाँद
और मैं खिंच गयी थी

उसके ख़ालीपन में मैंने
छलाँग लगा दी
हम एक के भीतर एक थे
पर दो थे
हमारी सटी हुई त्वचाएँ जल्द ही
ऐसी महीन रेशमी चादर में
बदल गयीं
कि हवाएँ उसके आर-पार जाती थीं
बौछारें वहाँ मुक़ाम बना टिक जाती थीं
हम दोनों की सटी हुई त्वचाओं के बीच भी
हमने ख़ाली ही छोड़ी थी वो ख़ाली जगह
अब उस ख़ाली जगह में
गिलहरियाँ फुदकती हैं
पपीहे गीत गाते हैं

तितलियों का रंग वहीं बनता है
चाँद की कलाएँ बदलने के बाद वहीं आकर रहती हैं
वहीं बहती रहती है शराब
झरने वहीं से फूटते हैं
और एक दरवेश एक हाथ से आकाश थामे
दूसरे से धरती सँभाले
अपनी ही धुरी पर
घूमता रहता है गोल-गोल

बुरे वक़्त में

एक रात मैं पूरी ताक़त से चीख़ी कि शायद बुरा वक़्त दरक जाए
उस दिन जाना कि गले की सारी नसें शीशे की थीं
दर्द के सारे मरहम दस मिनट की सनसनाहट के सिवाय कुछ भी नहीं

आदमी छू सकता है हाथ ऊँचा करके चाँद को
मंगल में जीवन टटोलता है
अन्तरिक्ष में तैरती हैं जादुई मशीनें
क्या मज़ा कि इन्द्रधनुष अब भी अछूता है

पट्टियाँ रोकती हैं लहू का बहना
माथे पर गहरा चुम्बन दर्द सोखता है
एक कनकटे चितेरे के पास नहीं थी भाषा
यह बताने को, कि आख़िर उसे क्या चाहिए
उसकी जेब में बस कुछ चटख रंग रखे थे

रंगों की समझ अब भी अधकचरा है

बुरा वक़्त सिखाता है सच्ची हँसी का पाठ
हँसना जीवन की कठिनतम कला है
कौन जानता है मुझसे बेहतर ये एक बात
कि बुद्ध कहते हैं सबसे मज़ेदार चुटकुले

बुरे वक़्त में फ़ाइलातुन-फ़ाइलातुन-फ़ाइलातुन की माला जपना

अपराध से कम तो हरगिज़ नहीं
बुरे वक़्त में हिज्जे की परवाह करना एक ख़ास क़िस्म की चालाकी है
एक्स-रे रिपोर्ट बनकर रह जाता है आदमी बुरे वक़्त में
गिन लो कितनी गाँठें हैं कितनी टूटन रूह में

मेरे पास नहीं है कोई भाषा
यह कहने को कि आख़िर मुझे क्या चाहिए
बस्ते में थोड़े से रंग बचे हैं

आधी रात मेरे कान से लहू रिसता है
हवा में उड़ाती हूँ चुम्बन
टिक-टिक-टिक की लय गूँजती है आसमान में
दीवार पर वान गॉग हँसता है

बुरे वक़्त में सफ़ेद हुआ बाल झड़ भी जाए
तो सहेजा जाना चाहिए किसी जागीर की तरह
एक दिन अपने बच्चों को दिखाने की ख़ातिर

निराकार गढ़ते हुए तोड़ना आकार

[तेजी ग्रोवर के लिए]

कब से तो मैं टूटी चप्पल पहने चल रही हूँ
पाँव के छालों की मवाद नसों तक भर-भर आती है
हड्डियाँ अस्थि-कलश में पीड़ा से मुक्त होती हैं
कलश के बाहर लहकती है पीड़ा

जिसने जीवन को अपनी जिह्वा से चखा है
जिसने तोड़ा है टहनी पर उगा चन्द्रमा
जो उबलते फफोले पर हौले से ठंडक बाँध जाता है
वो ब्रह्मांड का सबसे दहकता सितारा है

आकृतियाँ अदृश्य की परछाईं हैं
आकारों के पीछे नीला तिलिस्म है
सूर्य की आँखों में नमी खोजना प्रकृति के नियम को चुनौती है

जादू अदृश्य में आकार लेते हैं
अश्रु ग्रन्थि फट पड़ी है कठपुतली की आँख में

किसी को इतने रतजगे न दो

[अत्तिला योज़ेफ़* के लिए]

...और एक दिन अलसुबह वो बिस्तर से उठा
सूरज सही वक़्त पर अटारी पर आ बैठा था
पर रात थी कमबख़्त! कि कटी ही नहीं थी
नींद ने एक बार फिर ऊँची आवाज में उसका नाम पुकारा
वो पुकारों को अनसुना करने के मानी जानता था
कि उसकी जेबें चीख़ बन चुकी अपनी ही कातर पुकारों से भरी पड़ी थीं

सिक्के खन् खन् टकराते थे और हुआ यूँ साहब कि बस! जेब कट गयी

उस रोज़ अलसुबह कच्ची नींद में उठा था वो
कि अब पक्की नींद के लिए कुछ जुगाड़ किया जाए
और जैसा कि ख़बर कहती है कि सूरज एकदम सही वक़्त पर अटारी पर चढ़ आया था
पर हाय! वो रात थी कि कटी ही नहीं थी
अपनी आत्मा के हज़ार टुकड़ों के मुक़ाबले उसने अपनी देह के सौ टुकड़े कर देना चुना
ता-उम्र अपनी पीठ पर अपने ही टुकड़े बाँध कर फिरता था
ज़िन्दगी ने उसे पीठ के दर्द दिए थे
उसके मन पर चील-गिद्धों के नाखून ताज़िन्दगी रहे

उस रोज़ धरती को चूम कर वो गहरी नींद सो गया
लोरी जैसी होती है भाप-इंजन की खड़खड़ उसके लिए

जो एक अरसे से सोया न हो

आसमान कहता है कि किसी को इतने रतजगे न दो कि वो पक्की नींद का पता ढूँढ़े
आसमान के पास आँखें हैं पर हाथ नहीं
ज़ख़्मी गर्दन पर तमगे टाँगे गये
उसकी नींद की मिट्टी पर उगा दिए गये गुलाब के फूल

आख़िर शान्ति और सन्नाटे में कोई तो फ़र्क़ होता है

दरअसल मेरे दोस्त!
सन्नाटे न तोड़े गये तो जम्हाई आती है
कि बत्तीस साल बहुत से सवालों की उम्र होती है

---

[*] हंगेरियन कवि अत्तिला योज़ेफ़ ने 32 वर्ष की उम्र में ट्रेन की पटरियों के नीचे आकर आत्महत्या कर ली थी।

हर कोई ख़ुद को मारने पर उतारू है

[ज़िया ख़ान को याद करते हुए]

कैसे कोई सत्तर दफ़ा चढ़े–उतरे
जो उम्र की सारी बारिशें नमक के टीलों में बदल जाएँ
कैसे कोई सत्तर गुरियों की माला पिरोए
जो उम्र के सारे वसन्त पानी की बूँदों में ढल जाए

ऊँची शाख से लिपटे रसीले अंगूरों के गुच्छे दरअसल बाग़ के माली की साज़िश है
वो इने–गिने ही रास्ते हैं जिन पर साँसें सरपट दौड़ती हैं
मौत हज़ारों–हज़ार तरीक़े से अपनी ओर रिझाती है

तुम आओ और समन्दर में ज़हर घोल दो
बादलों को एक ख़ाली इंजेक्शन दे दो कि पानियों के बूते कोई बच न जाए
तुम आओ और आग को भस्म कर दो
एक–एक लौ का गला घोंट दो कि रूह की अगन कभी भड़कने न पाए
तुम आओ और आसमान को चाक़ू से गोद दो
तारों को मारकर ज़मीन में गाड़ दो कि दुआ में कभी कोई हाथ न उठने पाए
तुम आओ धरती के चेहरे पर तेज़ाब फेंक दो
उसका पेट गोलियों से दाग दो कि दोबारा कभी वो बच्चा न जन पाए
तुम आओ और हवा के सीने में ख़ंजर घोंप दो
ऑक्सीजन क़ैद कर ताबूत में रख दो कि घिसटती हुई साँसों को कुछ तो सुकून आए

तुम आओ और बोज़ोन को अपनी मुट्ठी में मसल दो
कि दुनिया बचने की कोई गुंजाइश भी न बचे

वो इने-गिने ही रास्ते हैं जिन पर साँसें सरपट दौड़ती हैं
मौत हज़ारों-हज़ार तरीक़े से अपनी ओर बुलाती है

मैं भी मार्स पर लेटे-लेटे सारा अ-मंगल देखूँगी
साइंसदान सुर्ख़ रंग की कुछ तो भी वजह बताते हैं
एक रोज़ मेरे हाथ में भी एक धारदार ब्लेड था
और तुम ने कलाई पर आसमान बाँध दिया था
ढलती शामों की नसों में ओ' पॉज़िटिव चमकता है
मार्स की मिट्टी का रंग भी कुछ और गहराता जाता है

माना कि मेरी हथेली में मग़रिब नहीं है
पर सूरज है कि उँगलियों के बीच की दरारों में डूब जाता है

तो फिर मैं क्यों कर जियूँ
कि जब गाय पॉलीथीन खाती है
मछली ख़ाशाक खाती है
आदमी सूअर खाता है और औरत चबाती है अपना ही गुलाबी कलेजा

हर कोई ख़ुद को मारने पर उतारू है

मिट्टी

बारिश के बाद का सोंधापन नथुनों में भर जाता है
लार की गाँठें ढीली होकर छोड़ती हैं पानी
स्वप्न बुनती आँखों में घर पुल और सभ्यताएँ आकार लेते हैं
हड्डियों का भुरभुरापन महसूस होता है
और कान सुनते हैं उल्टे नगाड़ों की आवाजें

मिट्टी पढ़ते हुए मेरी सारी इन्द्रियाँ प्रतिक्रिया देती हैं

मध्यान्तर के बाद

एक मटकी जल में डूबती-उतराती है
अक्षत और दूब को दूध में भिगोकर किसी ने 'फूल' विसर्जित किए हैं

नदी आओ! कुछ देर साथ बैठें

मैं बताऊँगी तुम्हें पहले की कथा
मध्यान्तर के बाद की तुम सुनाना
नहीं जानना मुझे कि साँस के साथ क्या-क्या डूब जाता है

तुम बताना मुझे कि खोपड़ी फूटने के बाद क्या बच जाता है

साधो ! प्रेम राग तू साध : प्रेम के सात सुर

एक—उनींदरे की सलवट

एक रोज़ भूगोल की किताब का बाँध तोड़कर
नदी घर की बालकनी में बह चली
सीढ़ियाँ पीले पहाड़ों में बदलने लगीं
और पछुआ हवाएँ झरोखे पर ठहर सुस्ताने लगीं
सतपुड़ा के बाँस के जंगलोंवाली रंग-बिरंगी चिड़िया
दरवाजे पर ठोंगा मारने लगी
लॉन में क़ायदे से कुतरी गयी घास
हरे समन्दर की तरह निगाहों के अन्त तक फैल गयी

मैंने करवट बदली ही थी उस रात
कि हवा का बिस्तर सलवटों से भर गया
उस वक़्त चाँद सन्तूर बजा रहा था
जब बूढ़े मन्त्रों के बीच सुनी मैंने कृष्ण की हँसी

ये महज़ मौसम की अँगड़ाई नहीं थी
पूरी क़ायनात में हलचल हुई थी जब पहली बार तुमने मुझे देखा था

तुम मेरे उनींदरे से बनी सलवट हो

दो—समानार्थी

पहले सात फेरे
तुम उपसर्ग सा चलना

दूसरे सात फेरे प्रत्यय सा चलना
किसी समानार्थी शब्द की तरह जीवन भर रहना

तीन—नृत्य

ज्ञान ने सभ्य बनाया था
प्रेम ने फिर से आदिम बना दिया
सभ्यता के दिनों में ईश्वर किताबों में मृत मिला
आदिम हृदय के भीतर वह नृत्य कर रहा था
बिना थके
निरन्तर

चार—श्लेष

धरती के चप्पे-चप्पे तक फैली उजास तुम्हारे नाम का पर्याय
मेरी आत्मा की गहरी गुफा में ध्यानमग्न तुम
सूर्य मेरे!
प्रेम के अलंकारों में श्लेष हो

पाँच—नज़र का टीका

हथेली में लगा दिया है मैंने काला टीका
तकिये के नीचे ताबीज़ रख दिया है
तुम्हारी पीड़ाएँ
तुम्हारा ज्वर
और तुम्हारे आँसू
मैं पानी में घोलकर पी जाऊँगी
मेरे नीले पड़ चुके कंठ को
मत देखो
देखो! मेरी मुस्कान
जो आँख की पुतली और दृष्टि के अनन्त तक फैली हुई है

छः—हमसफ़र

तुम आठों दिशाओं को रस्सी से बाँध कर एक कोने में पटक देना

दुनिया के बीचोबीच खिंची विषुवत् रेखा को मैं रगड़-रगड़ कर मिटा दूँगी
तुम दिन को दो टुकड़ों में काट कर रख देनेवाली निर्मम दोपहर पर
अपने भीतर की ठंडक का लेप कर देना

नींद और जाग की ड्योढ़ी पर मैं दीये जलाऊँगी
जीवन के अन्तिम छोर पर खड़ी मृत्यु की ऊँची दीवार को तुम कुदाल से ढहा देना
मैं ईंट के टूटे टुकड़ों को छोटी-छोटी पुड़िया में सहेज लूँगी
कच्चे चावल से भरे उस कलश को मैं दाएँ पाँव से स्पर्श करूँगी
तुम बिखरे हुए चावल के दाने आसमान में समेटना
हम एक-एक पुड़िया खोलेंगे और एक-एक टुकड़ा जोड़ेंगे

सात—एक टुकड़ा प्रेम

मैंने तन पर केवल प्रेम पहना है
खुरदुरा फिर भी महीन
यह एक टुकड़ा प्रेम
कभी तो फैलकर आकाश ढँक लेता है
कभी इतना सिकुड़ जाता है
कि सरे-बाज़ार निर्वस्त्र कर देता है

आठवाँ दिन

उस दिन कमरे के भीतर झुलसा देनेवाली धूप थी
जबकि सड़कों पर कोहरे के श्वेत जंगल के सिवा कुछ भी न था
अज्ञात पते से आई एक चिट्ठी तकिये के नीचे चुपचाप सो गयी
शहर की सारी घड़ियाँ यूँ बौराईं मानो कोलैन्दा खाए बैठी हों

किसी के आगमन का भ्रम पैदा करनेवाला कागा
उस दिन भी छत की मुंडेर पर बैठा था
कि पूर्व से आते हुए एक विषद्रुह ने उसका हृदय बेध दिया

मैं क्षितिज को धरती पर
गलीचे की तरह बिछा देना चाहती हूँ
जो स्वप्न भरी दो जोड़ी आँखों को
अनन्त काल से छलता आया है
उस पर जमी हुई धूल को बुहार कर वहीं टँगा दूँगी
पुनः देखना चाहती हूँ
क्या अब भी वह पहले-सा दिखता है

यहाँ से तुम और मैं विपरीत दिशाओं की ओर आगे बढ़ेंगे

तुम सोने की तारों से जड़ी हुई अल डोराडो* की सड़कों पर चलना
कोकई पंखोंवाली तितलियाँ तुम्हारे आगे उड़ते हुए
तुम्हें गन्तव्य तक ले जाएँगी
इसके उलट मैं जैतवन चुनती हूँ

जिह्वा पर काली चाय का कड़वा स्वाद
और काँधे पर माँ के हाथ का स्पर्श
मेरी लम्बी और दुरूह यात्राओं में
सदा साथ बने रहे हैं

(तब भी जबकि मैं स्वयं अपने साथ न थी)

ईश्वर के साथ बैठ कर भुट्टे खाने की
मेरी जंगली इच्छा पूर्ण होनेवाली है
गोकि मेरे काले बाल और झुर्रीरहित विशंक मुख
उसे सदियों तक विस्मेर रखेंगे

(उसके चेहरे के बारे में अब तक मैंने कोई अनुमान नहीं लगाया)

एक मिट्टी का घड़ा
(जो स्वयं को पितरहा समझता था)
आज विवर्तित हुआ है
सड़क के उस पार बैठा पथोरा
अपने सधे हुए हाथों से अब भी विरच रहा है
नये-नये घड़े

किसी स्वर्ण महल के भीतर बैठे हुए
एक दिन तुम्हारे सिर के ऊपर बरगद उगेगा
एक दिन तुम भीज जाओगे
यह सोचते हुए
कि धरती प्रेम में डूबी किसी स्त्री जैसी
लचीली और अस्थिर है

एक दिन अल डोराडो और जैतवन
आपस में अपने स्थान बदल लेंगे
सम्भवत: वो कोलाहल से भरा हुआ एक व्यस्त दिन होगा

जबकि मैं ईश्वर की पीठ पर टिके हुए
भुट्टे खा रही होऊँगी

---

*अल डोराडो—स्पैनिश लोक कथाओं का काल्पनिक स्वर्ण शहर।

नदी और हंस की कथा

दक्षिणी ध्रुव का अभिशप्त काला हंस
भटकता रहा
एक नदी की तलाश में
जो पी सके उसका कृष्ण रंग

कब देखतीं उसे
हरे भरे मैदानों पर हुलस कर दौड़ती नदियाँ
राजहंसों की स्तुति में बिछी हुई
नित दिन सिरज रही थीं
श्वेत अनाकार सीपिज

सूर्य के श्राप से झुलसी
बाँध तोड़कर बहनेवाली एक नदी
धरती की दरारें ओढ़कर सोयी हुई थी
किसी स्वप्न से गुज़रते हुए

कि तभी द्वार पर खट–खट हुई
नदी ने खोल दी साँकल
भटकते हंस के लिए
और तभी हो गयी गीली

एक दिन दुर्लभ काले मोतियों की
दुनिया को ख़बर लगी

सत्य कोयले की खदान में लगी आग है

मैं कहती हूँ किसी इश्तेहार का क्या अर्थ बाक़ी है
कि जब हर कोई चेसबोर्ड पर ही रेंग रहा है
आड़ी-टेढ़ी या ढाई घर चालें तो वक़्त तय़ कर चुका है
काले सफ़ेद खाने मौसम के हिसाब से
आपस में जगह बदलते हैं

फिर क्यों झूठे सत्य की तलाश में भटका जाए

एक नट सदियों से रस्सी पर चल रहा है
न उसने सन्तुलन का भ्रम दिखाया
न हवा में शरीर फेंक कलाबाज़ी का नमूना पेश किया
उल्टे सिक्के फेंकनेवाले तमाशबीनो की ओर उछाल दिया
फोंटाना द त्रेवी का रूट मैप

पानी का देवता सिक्कों की माला पहन तुम्हें दुबारा बुलाता है
हर दुख दरकिनार कर तुम चल पड़ते हो
अपनी ही परछाईं देखने
जबकि कहीं का भी पानी तुम्हें अपनी ही शक्ल दिखाता है
पर कामना से भरे हुए तुम
रोम के पानी में ख़ुद को बेहतर पाते हो

झूठ है तो दुनिया क़ायम है
सत्य कोयले की खदान में लगी आग है

याद है...
एक बार पृथ्वी आग का गोला थी

कब की पक चुकी हैं मेरे मकान की ईंटें

गर्म फ़र्श पर नंगे पाँव चलना अब मुश्किल है
मेरे कमरे में अब आग की लपटों की दीवारें होंगी
राख के ढेर पर बैठे हुए मैं
भटकी हुई 'एलिस' को राह बता दूँगी
मोड़ का आख़िरी घर उसका है
जबकि पहला और बीच के सारे घर भी उसके ही हैं

पूरी दुनिया को नींद में चलने की बीमारी है
उस डॉक्टर को भी जो नींद में ही पर्ची पे पर्ची लिखे जा रहा है

मेरे शहर की निर्लज्ज धूप निर्वस्त्र घूम रही है

काले मेघा पानी दे...

ओ बुढ़िया!
लगता है आसमान की दरी पर सुस्ताते हुए तेरी आँख लग गयी है

तूने कपास धुनना छोड़ दिया है कि रुई के फाहे अपने ही कानों में डाल रक्खे हैं
धरती तुझे हर वक़्त याद करती है
क्या तुझे उसकी हिचकियाँ सुनाई नहीं पड़तीं

अरे ओ!
अपनी बूँदों की चादर जल्दी भेज
कि मेरे शहर की निर्लज्ज धूप निर्वस्त्र घूम रही है

ओ पच्छिम में ठहरी हवाओ!
तुमने अपने डाकखाने में ताला मार दिया है कि अब कोई चिट्ठी नहीं लिखता
नीला अन्तर्देशीय पढ़े हुए एक अरसा गुज़र गया है
अरे ओ!
उस बहरी बुढ़िया की कोई तो ख़बर लाओ कि नदियों का दुपट्टा अब फट गया है

अरे ओ ठेकेदार!
उन मजदूरों को ज़रा इंसान समझकर काम ले
किसी दिन किसी भूखे का श्राप तुझे भस्म कर देगा

कि तेरे लिए तो पसीने में नहाई एक गाली ही बहुत है

अबे सुन!

मरेगा तो मुँह ढँकने को चादर भी न मिलेगी
कि बुढ़िया यूँ भी बड़े आराम से रुई धुन रही है

चीख़

उसने कहा आवाज कमरे के बाहर नहीं जानी चाहिए

जबकि खिड़की के पर्दे काँप रहे थे
सिर झुकाए एक के पीछे एक चल रही चीटियों में अफ़रा-तफ़री मच चुकी थी
दीवारों के कान के पर्दे फट गये थे

ख़बर मिली कि अभी-अभी साइबेरिया में एक आइसबर्ग पिघला है
आसमान से टूटकर गिरी है उल्का
घर के पिछवाड़े में किसी धूमकेतु की राख़ कचरापेटी में भरे जा रहा है जमादार

अभी-अभी अरब खाड़ी में हलचल हुई है
और अभी अभी गोबी में रेत के बवंडर उठे हैं
अभी-अभी उत्तरकाशी में फटा है बादल

दर्ज किया जाए कि आज से ओज़ोन के हृदय में दो छेद है

आवाज जो कमरे से बाहर नहीं निकली
आठ चक्करदार सड़कों को चीरती हुई
प्लूटो में सुनी गयी

देह देह वैदेही

जिन दिनों तुम मेरी देह के भूगोल की नाप जोख कर रहे थे
रंग बदलती मिट्टी के नमूने जमा कर रहे थे
चमकते पत्थरों पर बिछी धूल झाड़-पोंछकर
अपनी काँच की शीशी भर रहे थे
मेरे पर्वतों का आरोहण कर रहे थे
मेरी घाटियों में डूबकर मर रहे थे

उन दिनों मैं खोद रही थी गहरा कुआँ
बस एक बूँद पानी की चाह में

तीसरा विश्वयुद्ध

देह की इमारत पाँव पर नहीं कमर के बल खड़ी होती है
सम्मान रीढ़ की मज्जा है
समर्पण हृदय की एक महीन कोशिका
हृदय चाबुक के गहरे निशान भी सोख लेता है

मानसरोवर का मीठा जल पीनेवाला कंठ
विष धारण कर नीला पड़ जाता है
तीसरा नेत्र बन्द होने का अर्थ निद्रा नहीं होता

चुप रहनेवाले आदमी की रीढ़ देखना
देखना उसे कितनी बार तोड़ा गया है
जननांगों की अक्षमता नपुंसकता का पैमाना नहीं होना चाहिए

दुनिया के दो महायुद्ध
अनन्त पीड़ा की नदी के मुहाने लड़े गये हैं
कभी किसी हिजड़े का रुदन सुना है

जाने क्यों लगता है
तीसरा विश्वयुद्ध लड़नेवाले वही लोग न हों कहीं
जिनकी जुबानें प्लास्टिक और रीढ़ रबर में बदल दी गयी हैं

डूबना कठिन है

हवा अंजान पते से मिली चिट्ठी है
लिफ़ाफ़े पर कोई नाम नहीं दिखता
बारिश किसी अजनबी की खटखट है

ये नाम पहनने के पहले मैंने क्या पहना था
इस नाम के ऊपर मैंने क्या ओढ़ा है
इस पहनने–ओढ़ने के बीच में कौन रहता है

देह की फिसलन से मुझे आँकना ग़लत होगा
त्वचा मेरी हड्डियों पर जमी तैंतीस बरस पुरानी काई है
मेरे माथे पर अदृश्य झुर्रियों की साँकलें हैं
हर साँकल से अनन्तकाल की पीठ पर एक द्वार खुलता है

सीढ़ी–दर–सीढ़ी जीवन चढ़ना कौशल है
ढलानों पर बिना हाथ पाँव चलाये लुढ़कना
मेरा निजी चुनाव
पर्वतों की छाती पर तीर से धँसे ध्वजों को
मैंने ठेंगा दिखा दिया है

प्रशिक्षक ने बताया तैरना कठिन है
पानी ने एक पाठ सिखाया—
डूबना और भी कठिन
प्रवाह में स्वयं को छोड़ देना
मेरा हठ नहीं ढंग है

प्रतीक्षा आँखों में उगा हुआ छाला है
मिलन ईश्वर की छल भरी योजना

सितार बजाता ख़ुदा और सुबह का राग पहला

तुम
जो सबसे पहले हो मेरे लिए इस क़ायनात में
तुम्हारे क़दमों के नीचे बिछा नीला गलीचा है आसमान
मैं तुम्हारी धरती का आख़िरी कोना

इस पहले और आख़िरी के बीच में बहता है इक चश्मा
पानी में भीगते हैं नाम अपने
डूबते हैं

अलसुबह का पहला राग हो तुम
मैं तुलसी पे जलता साँझ का दीया
इस सुबह-शाम के बीच भी एक वक़्त है
कि जब साया सिमट जाता है बदन की सरहदों में

तुम्हारी धड़कनों के संग थरथराता है वजूद मेरा

होंठ बुदबुदाते हैं जो मिसरा पहला
वो नाम है तुम्हारा
आख़िरी ग़ज़ल हूँ तुम्हारी आख़िरी साँस तक पढ़ना

ख़ुदा दिखाई नहीं देता जैसे हवा
जबकि हर रोज़ सुनते हैं हम ख़ुदा को सितार बजाते हुए

चार तिलों की चाहत और एक बिन्दी लाल

ये किसकी इच्छा के अश्रु हैं
जो इस गोरी देह पर निर्लज्जता से जमे हुए काले पड़ रहे हैं

मेरी नाक पर एक थक्का है जिसे घोड़े की पूँछ के बाल से मैं छील
देना चाहती थी
मुट्ठी की उम्रक़ैद देना चाहती थी हथेली पर उगी चाह को
तलुवे की खुजलाहट को घिस-घिसकर छुटाना चाहती थी
छाती के दर्द को मैं कर देना चाहती थी तड़ीपार

किसकी गाढ़ी लालसा ने आकार ले लिया है
कौन इन काले धब्बों पर हँसता है

रात और कुछ नहीं मेरी चाह की चादर है
मैंने जन्मों ओढ़ी हैं फटी चादरें
किसी नवजात शिशु की उजली देह हूँ मैं रात के अन्तिम पहर
एक क्षण के स्मरण में भीगी हुई बाती है मेरी उम्र
मैं जलती हूँ दीये-सी
मिट्टी की उजली देह हूँ
दीपक राग की तरह मुझे गुनगुनाता है ईश्वर
कौमार्य का आलोक हूँ

मेरी भौंहों के बीच अपने लहू का तिल कौन रख गया
कि जैसे दो पर्वतों के बीच उगा सूरज पोंछ जाता है रात की स्याही को

सूर्य, पृथ्वी और दो हज़ार ग्यारह गाँठें

[साल दो हज़ार ग्यारह को विदा करते हुए]

सफ़ेद दाढ़ीवाले तारे एक जोगन के प्रेम का साक्षी बन
सदियों से जाग रहे हैं
अन्तरिक्ष के मंडप तले मन्त्रों का अनुस्वान है

वह स्त्री
पीले चीवरवाले ऋषि के आलोक से बौरा गयी है
गिन के देखो तो
उसकी चुनरी के छोर में
दो हज़ार ग्यारह गाँठें बँधी हैं

ध्यान में डूबे हुए प्रेमी के
उखम और तेज से गर्भ धारण कर
जनती है बच्चे
माँ बनती है
ऋतु भोर और जुन्हैया
उसकी गोद में खेलती सन्तानें हैं

जिसके ललाट पर चमकती सलवटें हैं
वह ऋषि आकाश में धूनी रमाये बैठा है
उसकी अमित आभा से सम्मोहित
प्रेयसी का सूफी नृत्य अनवरत चलता है

भादों का पानी

यह उस यायावर के लिए एक झिंझोड़ है
जो अपने सीने में रेगिस्तान लिये फिरता है
उस लड़की के लिए ललकार है
जिसे बावड़ी दिखाकर समुद्र के मायने बताए गये

यह एक थप्पड़ है उस आदमी के गाल पर
जिसने मजदूर के पसीने को कौड़ियों में ख़रीदा
उन कानों के लिए शोर है जो पगड़ियों की तहों के नीचे बन्द पड़े हैं
पक्के तटबन्धों की नींव बहा ले जानेवाली एक जोड़ी आँखों की बाढ़ है

भादों महज़ ऋतु चक्र की करवट नहीं
यह दुनिया भर के सूखेपन के ख़िलाफ़ क्रान्ति है

पुरवा नक्षत्र के जिगर से जब लहू रिसता है
तब कहीं जाकर ऐसा पानी बरसता है

कई तरह से बनती है आग–1

आग के बनने की प्रक्रिया पर
अभी अभी
अधूरा पाठ पढ़ाकर बाहर आई है साइंस टीचर

किसी को जाना ही होगा
उन ऊँघते बच्चों को ये बता देने के लिए
कि आग नहीं बनती
ऑक्सीजन फ्यूल और हीट के
महज़ मिल जाने से

दरअसल
कई तरह से बनती है आग

कई तरह से बनती है आग-2

[मलाला, शकीरा और माया एंजेलो के लिए]

एक

मैं फ्रांस हूँ और यह असम्भव है कि मैं कभी साइबेरिया हो जाऊँ
मेरे गुम्बदों पर सोने के तार जड़े हुए हैं
मेरे अस्तित्व पर बर्फ़ नहीं गिरती

मेरी हर भंगिमा एक अनिवार्य अर्थात् है
मेरा हर श्वास नूतन है
विश्व के कुछ हिस्सों के लिए प्रेरक तो कुछ के लिए घातक भी हूँ मैं

मेरे प्रति तटस्थ दृष्टिकोण रखना असम्भव है

दो

देखा मैंने कैसे काँपता है मूसलाधार बारिश में पीपल का पत्ता
और देखा मैंने पत्ते पर जड़ा हुआ पानी का मोती
कैसे तो बनती-बिगड़ती हैं सिगरेट के धुएँ से लकीरें
हाथ की लकीरें हैं कि सिगरेट का धुआँ

मैंने देखा
शराब की ताज़ा खुली बोतल से उफ़नता हुआ झाग
शराब से कहीं ज़्यादा नशा उफ़ान का होता है

देखा मैंने ऊँचाई से बहता एक पवित्र झरना भी
और देखी मैंने सुबह की पहली किरण-सी कुँवारी मुस्कराहट
नाचती आवाज देखी
रोता हुआ नाच देखा

आँसू छल प्रेम पीड़ा विद्रोह से बनी है वो शराब जो बोतल में भरी है
शराब का उफ़ान देखा
उफ़ान की ढलान देखी
ढलते हुए झरने पर चमकती हैं उगते हुए सूरज की किरणें

बादल देखे
बारिश देखी
झरना देखा
ढलना और फिर उगना देखा

तीन

फ्रॉयड की मानें तो हर युद्ध का कारण था
स्वर्ग के बाग के उस पेड़ में उगा हुआ लाल फल
मार्क्स की सुनें तो हर क्रान्ति के पीछे
हमेशा ही रही रोटी
कच्ची पकी अधसिंकी या पूरी जली रोटी

न मुझे मानें न सुनें बस! इतना ही जानें
कि इक्कीस बार प्रलय का कारण थी मेरी गीली आँखें

ओ नूह!
पतवार सँभाल लो
फिर एक बार हवाएँ उलटी बह रही हैं इन दिनों

सफ़ेद फूल

गर्भ से जन्मे कोयला लोहा बॉक्साइट
और वक्ष पर लहलहाती गेहूँ की सुनहरी बालियाँ
तुम्हारे ऐश्वर्य की कथा कहते हैं
कमर की एक ओर खोंसी हुई नागफनी
और दूसरी ओर अमलतास
तुम्हारे चमत्कारों की व्याख्या हैं

चम्पई इच्छाएँ, नारंगी उम्मीदें, चटख फ़िरोज़ी स्वप्न
और हरे हरे गीत तुम्हारा सोलह श्रृंगार है

ओ पृथ्वी!
फैलो कुछ और
मनुष्यता के लिए शान्ति के एक सफ़ेद फूल को खिलने की जगह दो

हमको मन की शक्ति देना

आज़ादी 'आज़ाद' की दुल्हन थी
आज़ादी पन्द्रह अगस्त को मिलती है हर साल
आज़ादी का मतलब है कामधाम से छुट्टी
आज़ादी भने कि धूल झड़े भगत सिंह

आज़ादी के दिन चिंघाड़ते चौराहे
ग्यारह बजे सुबह ऐ मेरे प्यारे वतन तुझ पे दिल कुर्बान है
दो बजे केमिस्ट्री कोचिंग छूटने के बाद
आज़ादी मने कि शील्ला! शील्ला की जव्वान्नी
आज़ाद लड़कियाँ कोचिंग से झुंड में निकलती हैं
आज़ाद लड़कियां डरती हैं कोई हाथ न मार दे छाती पर
आज़ादी मने कि करतबी लड़कों का झंडा-बाइक जुलूस
और बैगपाइपर के तीन-तीन यार
आज़ादी मने बसाई टुडू का उजाड़ खेत
और मेरे देश की धरती सोना उगले
उगले हीरे मोती ओ मेरे देश की धरती

चाँदनी को आज़ादी का दिन सबसे अच्छा लगता है
आज़ादी मने कि बूँदी के लड्डू
चाँदनी इस देश का भविष्य है
देश का भविष्य भूखा है
भूखे भविष्यवाले देशों के स्वप्न डॉलर में ख़रीदे जाते हैं

हालाँकि बाबा ने कहा भी था कि आज़ादी बहुत क़ीमती है

और हमारे पुरखों ने हमें फाँसी चढ़कर आज़ादी दिलाई है
हमारा कर्तव्य है कि हम इस आज़ादी की रक्षा करें

हम गाल पर तिरंगे बना़कर आज़ादी की रक्षा कर सकते हैं
अच्छी बात है कि आज़ादी के पंख लगे हुए हैं
फ़र्ज़ करो कि आज़ादी के हाथ होते
तो क़सम 'क्विट इंडिया मूवमेंट' की
एक चमाट पड़ती—चट्टाक!
नसें तीन रंग में उभरतीं गाल पर
हचकचाकर बोल फूटते—जयहिन्द
कोई है जो जयकारों के हिन्द में 'जय' को खोजता हो
है कोई?

डूबते सूरज के साथ उगना

सूरज के रथ का रुक जाना
नज़र के भरम के सिवा कुछ भी नहीं
रात ने तकिया बदला
उधर दक्षिण में घोड़ों की टाप गूँज उठी

संसार का मुहावरा बड़ा सीधा-सा है

एक आदमी ने अपनी देह उतार दी
आग पहनकर लकड़ियों पर सो गया है
कुछ देर सुस्ताएगा
फिर खड़ा हो जाएगा

किसी की खोपड़ी फूटने से धरती बाँझ नहीं होती
फागुन में यहीं टेसू की चादर बिछेगी
कुछ और नयी तरह के फूल खिलेंगे
माया सभ्यता के लोगों की
लिपि और भाषा के लिए मैं अनपढ़ हूँ
डूबते सूरज को देखकर इधर मैंने भी कुछ आड़ी-टेढ़ी रेखाएँ खींच दीं हैं
आनेवाली नस्लें इसे उम्मीद और भरोसा पढ़ेंगी

वो जो डूबता दिखता है कभी डूबता नहीं
कि दुनिया के किसी हिस्से में सुबह हो रही है

दस दिन और ग्यारह रातें

कठोर हैं लाल स्याही के वे छल्ले
जो छिले हुए कैलेंडर की ओर बिना देखे
कुछ तिथियों की परिक्रमा करते हैं
निर्लज्ज हैं वे तिथियाँ
जो रेत के दरिया में आधे डूबे
ऑज़ीमैंडियास* के पैरों के जोड़े की मानिन्द तनी हुई हैं

एक क्षण है जिस पर काँटेदार बाड़ बँधी है
इस क्षण के हृदय में ही समाहित है एक युग
जो कटता नहीं पर एक दिन कट ही जाएगा
क्रॉसिंग पर कारों का शोर सुनते हुए

कई बार पकड़ना चाहा
देह से उगी परछाईं को
जो सड़क पर लम्बवत् खिसकती थी
उस दिन मेरे ही भीतर लुप्त हुई

एक भीड़ भरी सड़क के बीचोबीच अस्त हुआ सूर्य
कुछ ही दिनों में फिर उगेगा
मेरी परछाईं फिर आकार लेगी
ग्रहण समाप्त होते ही चबा लूँगी
तुलसी के पत्ते
जो मैंने पानी में डाल रंखे हैं

छोटी छोटी उँगलियोंवाली एक लड़की के लिए
(जिसे 'मिल्स ऐंड बून' में कोई दिलचस्पी न होगी)
एक दिन खोल दूँगी वो सन्दूकची
जो असंख्य कथाओं से भरी पड़ी है

एक छिले हुए कैलेंडर की धूल पोंछ दी जाएगी
वो जानेगी एक दिन
कैसे हुआ था प्रग्रह के पूर्व सूर्य का अश्रु स्नान

वो जानेगी
जीवन पृथ्वी की तरह होगा
शेष के फन की तरह होगा प्रेम
जिस पर टिकती है पृथ्वी

---

*ऑज़ीमैंडियास—पी. बी. शैली की प्रसिद्ध सोनेट 'ऑज़ीमैंडियास' का वह वीर नायक जिसकी प्रतिमा मृत्यु के पश्चात रेगिस्तान में जीर्ण-शीर्ण स्थिति में पाई गयी।

अश्वत्थामा

एक चिड़िया के लिए घोंसला बुनता था
दूसरा चिड़िया के गीत सुनता था
कोई ऐसा भी था जो चिड़िया की चोंच से बने घाव सहता था

घाव जिन्हें वो मरहम की तरह ख़ुद पर लेप करता था
मरहम जो घाव की मवाद से बनता था

घाव ये भाव के जो कभी नहीं भरते
प्रेम के भी अश्वत्थामा हुए हैं जो कभी नहीं मरते

प्रेम गिलहरी दिल अखरोट

स्वप्न में लगी चोट का उपचार नींद के बाहर खोजना चूक है

होना तो यह था
कि तुम अपने दिल की एक नस निकालते
और बाँध देते मेरी लहूलुहान उँगली पर
मेरी हँसली पर जमा पानी उलीचते
और रख देते वहाँ धूप मुट्ठी भर
हुआ यह कि जिन पर्वतों पर मैंने तुम्हारा नाम उकेरा
वहाँ से बह निकलीं कलकल करती नदियाँ
और मेरी गर्दन से जा चिपकी कागज़ की एक नाव

क्षितिज तक पैदल चली थी थामकर तुम्हारी उँगली
उस दिन तुम्हारा क़द मेरे पिता जितना बढ़ गया था

उसी रात नदी में अपनी पतवारें फेंक आयी थी

***

ईश्वर की प्रिय सन्तान हो
छुटपन से ही माँ मुझसे कहती आई हैं
होना तो यह था
कि कबाड़ में मिले उस दीपक को धरती पर घिसते ही
धुएँ के पीछे से प्रकट हो जाता कोई देवदूत और मेरे आदेश का दास
बन जाता

हुआ यह कि पत्थर पर रगड़ खाने से काँसे की देह पीड़ा से कराह उठी

ऐन उसी दिन कान के पीछे उभर आई एक हरी बेल
कोई रंग होता 'माइग्रेन' का तो हरा ही होता

***

कितना अच्छा लगता था दीवारों पर लिखना और पौधों को पानी देना

होना तो यह था
कि तुम्हारी पीठ पर नक्क़ाशीदार आयतें लिखा करती हमेशा
और छाती को सींचती ही रहती उम्र भर
हुआ यह कि छठी की चाँद रातों में मैंने उगाए जूठे सेब तुम्हारी छाती पर
और तुम्हारी पीठ से टकरा-टकरा कर लौटती रहीं मेरी चीख़ें

उन दिनों जंगल टेसू की तरह दहका करते थे
मैं तुम्हारे पाँव के अँगूठे पर टोटके बाँधा करती थी

एक बार उतरने दो मेरी चीख़ अपनी छाती पर
किसी बरगद के कान पर उसी दिन
मैं कान के पीछेवाली नस की असह्य पीड़ा का विसर्जन कर दूँगी

***

एक अरसा गुज़रा जब डॉक्टर ने 'मायोपिया' से लेकर इथियोपिया तक की बातें कीं और आँखों पर ऐनक चढ़वा दी
होना तो यह था कि उन 'ग्लासेज़' को पहनकर अब तक मुझे दूर का दिखने लगना था पर हुआ यह कि ये चश्मा भी मेरे किसी काम का न निकला

पहले तो रास्ते ही नहीं दिखते थे और अब बड़े-बड़े गड्ढे और जानलेवा मोड़ भी नज़र नहीं आते

***

होना तो यह था
कि तुम होते बरगद का घनापन
और मैं तुम्हारी शाख़ों पर फुदकती फिरती
अपनी टुकुर-टुकुर आँखों में भर लेती सब हरियाली
कभी पत्तों में छुपती कभी दिखती तने के पीछे
सारी छाँव घूँट-घूँट पी लेती

हुआ यह कि तमीज़ भूल गया एक बरगद
अपने बरगद होने की
छाँव, हरियाली, ठौर कुछ भी नहीं मिलता

धूप धूप भटकता रहा प्रेम भूखे
कौर कौर दिल कुतरता रहा

सस्ती ज़िन्दगी और शौक़ एक महँगावाला

पेड़ के पीछे छुपकर देखती है छोटी लड़की
मोड़ से गुज़रते ताज़िए का कारवाँ
तने पर खुरचती है एक दुआ
ज़ार-ज़ार रोता है बूढ़ा नीम यूँ कि शहद बहता है
चिपचिपाता है एक नाम
जेबें टटोलता है वो आदमी जिसका रूमाल गुम गया है
रतजगों में भटकती लड़की ढूँढ़ती है तकिया
गुज़री हुई किसी रात की याद होती है
कोने में दुबकी कोई अकेली रात
कोई एक कभी नहीं हो सकता अकेला
तन्हाई दो लोगों के बीच बिखरी मोगरे की महक है
पीर साहब के चिमटे से आँख खुली है
कुन फ़ाया कुन की रट लगी है
नमक-सा पसीना भी कोई पसीना है
लहू बहे जो लक़ीरों से तब साँस आए
ज़िन्दगी किसी मजदूर की दिहाड़ी है
फेरीवालों की तुम आवाज सुनो
सुख तो गली-गली बिकता है
दर्द का इत्र बड़ा महँगा है

जूते

घिसे तल्लेवाले जूते
तुम तक पहुँचने की अनिवार्य शर्त थे
और मैं दिन-रात पैदल चलती रही

कठोरता की प्रतियोगिता में
वह मोची निरीह दिखता है
जिसने किसी पशु का चमड़ा काटकर
मेरे जूते सिले हैं

जीतना तुम्हारी आदत है
एक बार तुम्हें मेरा चस्का चढ़ा था
अब तुम्हारी छाती पर टँगा हुआ जीत का तमगा हूँ
चस्के पुराने होकर आदत में ढल जाते हैं

फाह्यान की आत्मा उसके पैरों में रहती थी
चलना उसका धर्म था
उसके जूतों पर जमी धूल की परतें
आस्था में डूबे श्लोक हैं

तुम्हारे पैर के अँगूठे के ठीक नीचे
मेरे प्राण बसते हैं
चलना मेरी विवशता है
मेरे जूतों के फटे तल्ले

मेरी जिजीविषा का प्रमाण हैं

गोलाइयों के भी कोने होते हैं
दुनिया के हर कोने में
रक्त के कुछ धब्बे हैं

जूतों के फटे मुँह बोलने लगे हैं
पृथ्वी चौकोर है

एक बार उस द्वीप तक तुम
पैदल जाना चाहते थे
मैंने अपनी देह से चमड़ा निकालकर
तुम्हारे जूते सिल दिए

गुणवत्ता की प्रतियोगिता में भी
वो मोची हार जाएगा
मुझे लकड़ियों के ऊपर औंधे मुँह रखना
मेरी पीठ पर त्वचा नहीं है

जूतों के फटे मुँह बोलने लगे हैं
तुम दो महाद्वीपों में बँटा हुआ इस्ताम्बुल शहर हो

इच्छा

खाने की सारी गोलियाँ 'एल्पेनलीबे' नहीं होतीं
तकिये में रोपा था कभी एक स्वप्न
उधड़ी हुई रुई के ढेर पर जा उलझती सिसकियाँ
देखे हैं नदियों के साथ-साथ बहते किनारे
हथेली की रेखाओं में लालसा करवटें बदलती हैं

कुछ बच्चे पार्क में खेल रहे हैं
अचानक मेरी आँखें बड़ी हो जाती हैं मेरे पेट से भी

दुखता है दिखता नहीं

तिनकों से नहीं बनता है किसी गौरैया का घोंसला
हौले-हौले पिरोती है यक़ीन
घास के सूखे टुकड़ों को बाँधती है अन्दरूनी नमी से
क़ाश कि याददाश्त होती नरम शाखवाला पेड़
मैं ढूँढ़ती कोई लोहार जिसे अपनी आरियों की धार पर फ़ख्र हो

मेरे कमरे की खिड़की झूलती है एक घने पेड़ की बाँहों में
मैंने सोचा कि वसन्त के आगमन के गीत गाऊँ
कि तभी गले की नसों में बेशर्मी से उतर आई दीमक

माना कि टूटा नाखून चादर में फँस जाए तो दुखता है
तब भी इस दिल को नाखूनों से रश्क़ होता है

देह के अलाव पर प्रेम की कड़ाही है

[ज्वर दशा के चार चित्र]

एक

यह ज्वर नहीं ज्वार है
जो चन्द्रमा की बाँसुरी की तान पर उफनता है
मेरे माथे पर मत रखो ठंडी पट्टियाँ
मुट्ठी भर चाँद की धुन लीप दो
तपन बुहार दो

दो

मेरी देह यदि जल होती तो इस क्षण किसी भगोने में उबल रही होती
उसे उड़ेला जा सकता एक गहरे मग में
बागान से चुनी ताज़ी पत्तियाँ उसमें घोली जा सकतीं
ठंड से सिकुड़ी तुम्हारे गले की नसों को सेंका जा सकता

पर मेरी देह जल नहीं है

अरब सागर के दो टुकड़े करोगे तो मेरी आँखें बनेंगी
अरब सागर की हिलोर चन्द्रमा के स्पर्श की इच्छा है
इच्छा के परिणाम से सुलगती यह देह जल नहीं
भभकता हुआ चूल्हा है
अरब सागर से उलीच लो भगोना भर नमक पानी
चूल्हे पर उबालो गरारे करो
फिर मेरे माथे पर अपनी आवाज की शीतल पट्टियाँ रख देना

तीन

सितार झनझना रहा है निरन्तर
साधक दम साधे लीन है रियाज़ में
एक-एक तार कँपकँपाते हैं उँगलियों की ठंडक से
एक पारलौकिक राग के आलाप का उठान है
राग की शुद्धता खंडित कर देती है सितार

चार

अकसर ही तो सूर्य वहाँ तैराकी करने आता है
ये जिस्म कुछ और नहीं
वही खौलता तालाब है
साइंसदाँ क्यों बेवजह गन्धक का नाम लगाते हैं

न्याय

हे प्रेम के देवता!

मुझे चन्द्रमा की कलाओं को सराहने की दृष्टि दो
नदियों के प्रवाह में बहने की दक्षता भी
दो मुझे मोमबत्ती की लौ को एकटक देखने का धैर्य
ध्रुव तारे सा तप का बल दो
मुझे रूप दो गन्ध दो
प्यास दो स्वाद दो
धूप दो छाँव दो
आस दो
मुझे बाग़ दो
सेब दो
सन्तानें दो
किन्तु किसी सच्चे प्रेमी से वंचित रखना, प्रभु!

जब तक कि मेरा प्रेम पिसी मेहँदी न हो जाए

जलपरियाँ

उन मछलियों को अपने काँटों में मत फाँसो
उनकी छाती में पहले ही काँटा गड़ा है
कौन कहता है मछलियों की आवाज नहीं होती
मछलियों की पलकों में उलझी हैं सिसकियाँ
टुकुर-टुकुर बोलती जाती हैं निरन्तर
उनके स्वर से बुना हुआ है समुद्र का सन्नाटा

ऐसा कोई समुद्र नहीं जहाँ मछलियाँ रहती हों
समुद्र ठहरे हुए हैं मछलियों की आँखों में
दुनिया देख ली हमने बहुत सातों समुद्र पार किए
जलपरियों के लिए कहीं भी सड़कें नहीं मिलतीं

दंड

[16 दिसम्बर, 2012 की काली रात के बाद लिखी ये कविता निर्भया को समर्पित]

ओ मेरे देश!

यदि इस घोर बिपत्ति काल में मेरे मुँह पर छाले पड़ जाएँ
और मैं कुछ कह न सकूँ तो तू मुझे दंड देना

मेरे गूँगेपन को इतिहास के चौराहों पर धिक्कारना

ओ मेरी मिट्टी
मेरे फेफड़ों में भरी हवाओ
और मुझे सींचनेवाले जल

इस कठिन समय में मेरे कंठ की तटस्थता पर थूकना

ओ मेरे मुक्त आकाश
ओ विनम्र पेड़ और धधकती अग्नि शिखाओं
जीभ में भर आये फोड़ों के लिए मुझे दंड देना

फाँसी से कम तो हरगिज़ नहीं

इस चालाक चुप्पी के लिए मेरे शव को भी दंड देना
अपनी स्मृतियों में दिन-रात कोड़े मारना आजीवन

दहाड़

इससे पहले कि केसरिया गाढ़ा होकर लाल में बदल जाए
और हरे के विलाप से सारे पत्ते झड़ जाएँ
इससे पहले कि टूटे हुए चार भालों को कबाड़ में पटककर
कुल बचे बीस लेकर हम युद्ध में उतरें

और इससे पहले कि कबूतरों के रक्त से राजपथ रंग जाए

एक सिंह जाए एक क़दम पीछे
और फिर छलाँग लगा दे सीधे सारनाथ से दिल्ली तक
अब कि जब बुद्ध आएँगे तब घुटनों तक लटके होंगे उनके कान
और आँखों में तैर रहा होगा पीलिया
उन्हें जीना होगा शेष तीन सिंहों के साथ

कि एक दिन वही पंजा बनेगा अमन का चिह्न
जिसने सही समय पर अपने नख का प्रयोग किया

एक नीली प्रार्थना और छुपना ईश्वर का

न तितलियाँ हैं वहाँ न झरने और न ही इन्द्रधनुष
दुर्गम वनों के उस पार है वो जगह

आकाश गणित का सवाल होता तो अब तक सब रहस्य सुलझ जाते
ओर-छोर पर कीलें ठोंक कर इसे बाँधा नहीं जा सकता
घड़ी की सुइयाँ भी एक हद के भीतर चलती हैं
कि बारह घरों के बाद वो नहीं फाँद सकतीं दीवार

समय घड़ी नहीं है

ज़हर ही काटता होगा ज़हर को
अनन्त की काट कभी दूसरा अनन्त नहीं हो सकता
आकाश की छाती चीरने के लिए एक असहाय प्रार्थना में ढल जाना
होता है

प्रेम निर्मम घुड़सवार है
पीठ पर चाबुक मार-मार कर उस जगह तक ले ही जाता है
सचमुच! बहुत दूर है वो जगह
जहाँ खिलती हैं प्रार्थना की पंखुड़ियाँ

वो पीठ पर उभरे नीले निशानों को सहलाता है
नमक पानी से सेंकता है घाव
छुपाता है अपनी आँखों की सूजन

ईश्वर इधर-उधर छुपता है

प्यार

कि जैसे स्लेट पर लिखना
और हिज्जे ग़लत होने के डर से मिटा देना बार-बार
कि जैसे निकलना घर से
और चौराहे से लौट आना भूला हुआ बटुआ लेने
कि जैसे वक़्त पर स्टेशन पहुँचने की कोशिश करना
और छूट जाना ट्रेन का
प्यार उच्चारित करने के ठीक पहले छींक आ जाना
या काली बिल्ली का रास्ता काट जाना
बस! आधा 'प' कहने में यार की जुबान लड़खड़ा गयी

पौरुष

औरत धीमी आँच पर चाय बना रही है
बच्ची अपना बस्ता फैला रही है जमा रही है फैला रही है
मैसेंजेर की स्क्रीन पर पूछती है एक लड़की उसके शहर के मौसम का
हाल
और एक अन्य औरत यू-ट्यूब पर 'अनहूक' हो रही है
घिरा हुआ है चारों ओर ही वो औरतों से
चारों औरतें उस अकेले से घिरी हुई हैं

गैस चूल्हे के सामने खड़ी औरत ने मंगलसूत्र पहन रखा है
बच्ची के रिपोर्ट कार्ड पर पिता के नाम का तमगा है
दूर शहर में बैठी लड़की ने सजाया है माथे पर प्रेम
सिक्के गिनती औरत के पेटीकोट से बँधी हुई है भूख
आँखों से टपकती लार बड़ी होशियारी से पोंछता है
वो आदमी अपनी शातिर अदाओं पर नाज़ करता है

चारों औरतें ख़ूब जानती हैं
छः इंची मोक्ष के सामने उसका छः फ़िटिया पौरुष अकसर बौना पड़
जाता है

आशीर्वाद

हे पुरुष!

मैं अपनी उपस्थिति दर्ज करती हूँ
किन्तु आकांक्षा के सहज उत्कर्ष के लिए भर नहीं
पग–पग तेरे बाईं ओर चलने के लिए
शिखर पर पहुँचते ही प्रथम पग धरने का अवसर मैं तुझे दूँगी
कि मैंने पहनी हैं अपने कानों में तेरी प्रार्थना की बालियाँ

हे बलिष्ठ!

जा ढूँढ़ खदानों और समुद्रों में वह धातु जिसका मूल गुण लचीलापन
है
आग में तप कर गढ़ने के बाद भी मुड़ना न छोड़नेवाली धातु का सुनार
बन
तू अपनी बेटी का पुत्र है
तुझे पहनानी ही होंगी उसे वो बालियाँ

तुझे आशीर्वाद का मुकुट पहनाते हुए मैं तृप्त हूँ और हर आकांक्षा से
मुक्त भी

छठे पहर की नमाज़

[दूर बसी औलाद के लिए]

पानी की धार के नीचे बहा सकती हूँ अपनी हथेली की लक़ीरें
मैं उतार भी सकती हूँ अपनी खनकती चूड़ियाँ
चल सकती हूँ काले पानी तक जानेवाली सड़क पर
और जनम भर तक सीने में खींच सकती हूँ हिचकियाँ अन्दर-बाहर
धरती को तिकोने खाँचे में भर सकती हूँ
मैं मशरिक़ की ओर पीठ भी कर सकती हूँ

मेरी अँगूठी जो बेशक क़ीमती है पर उसकी आँखों की मासूमियत
बेशक़ीमती

अपनी आँख के काजल का टप्पा उसके माथे पर धरना चाहती हूँ
चाहती हूँ अपनी उमर के सारे वसन्त उसकी जेबों में भरना
अपनी सारी नमाज़ें उन आँखों के नाम करना चाहती हूँ

ओ फ़कीर!
अपनी बाँस की झाड़न उठा और पलट दे आँखें
ख़्वाब उम्मीद दीवाली और ईद उसके बस्ते में भर दे

और सौ साल की नींदें मेरी आँखों में रख जा

अ-विभाज्य

तुम दो महाद्वीपों में बँटा हुआ इस्ताम्बुल शहर हो
एक बार कहा था मैंने इस पर शर्मिन्दा हूँ

तुम्हारी उँगलियों की पोरों पर लहलहाती हैं फसलें
गालों पर बहती हैं प्रचंड नदियाँ बाँध ढह जाते हैं
छाती में नगर फैलते हैं फूलते हैं
तुम्हारी आँखों में डूब जाती हैं महान सभ्यताएँ

जीने के लिए जितना चाहिए
उससे कहीं ज़्यादा लोहा बहता है तुम्हारी नसों में
पसीने में चिपकता है नमक मिट्टी में सोंधा सा महकता है

तुम
दरअसल एक सौ छियानवे हिस्सों में बँटा हुआ पृथ्वी ग्रह हो

आँखों की पुतलियाँ पीछा करती हैं हर दिशा में आकाश का
हर क्षण तीन गुना बढ़ रहा आकाश
काट-छाँट कर समोता है स्वयं को पुतलियों में ठसाठस
आकाश का लहू गालों पर टपकता है

आँख-आँख में भरा हूँ मैं अविभाज्य आकाश हूँ

मौन की लय में गीत प्रेम का

मैं स्पैनिश में कहती हूँ तुम हिब्रू में सुनते हो
हम ब्रेल में पढ़े जाते हैं

हम खितानी* की तरह विलुप्त हो जाना चाहते थे
पर हर सभ्यता में कोई दरोग़ा** होता है
मुझे हो-हल्ले में हथकड़ी डाल दी जाती है
तुम चुप्पियों में मारे जाते हो

मैं तुम्हारे कंठ में घुटी हुई एक सिसकी हूँ
तुम मेरे श्वास से कलप कर निकली हुई एक आह हो
रुलाई हमेशा बारहखड़ी के बाहर फूटती है
हूक की कोई व्याकरण नहीं होती

चमकते अलंकार मेरी आँखें फोड़ नहीं सकते
तुम्हारे मौन की पट्टी मैंने आँखों पर बाँध रखी है
हम आयतें हैं हम मन्त्र हैं हम श्लोक हैं
हम लगातार हर ज़ुबान में बुदबुदाए जा रहे हैं

मेरे प्यारे बहरे बीथोवन
मैं तुम्हारी रची हुई जादुई सिम्फ़नी हूँ

देखो! ज़माना मुझको बड़े ग़ौर से सुन रहा है

---

* खितानी मंगोल भाषा परिवार की लुप्त हो चुकी भाषा।

** हिन्दी में 'दरोग़ा' शब्द खितानी भाषा से आया है।

कहा-सुनी : या इलाही से मुख़ातिब

[पंजा लड़ाओगे, ईश्वर?]

एक कविता आई और कर गयी मेरी हत्या
लहूलुहान देह पीछे छोड़ आत्मा आसमान तक जा पहुँची
सकपकाया सूरज अँधेरे द्वार से बाहर दौड़ा आया

आत्मा का अट्टहास ब्रह्मांड की छाती भेद सकता है
तड़ीपार प्लूटो में भी चहचहा उठी है गौरैया
कोई ज़मींदार नहीं है सूरज
जिसकी दादागिरी मेरी सुबह को रोक सके

वो घावों से बने द्वार थे
जिन्हें तोड़कर आत्मा जा बैठी है फिर से भीतर
लहू काग़ज़ की सफ़ेदी पर जा सूखा

मैंने जीवन से प्रार्थना की कि वह कटे
जीवन मुझे काटता चलता है कई हिस्सों में

सबक़ मेरे लिए यह कि
कि मन्दिर की घंटियों को धीरे बजाया जाए
ताकि ईश्वर को मेरी बात साफ़ साफ़ सुनाई दे

और ईश्वर!
सबक तेरे लिए यह कि तू जितने द्वारों के पीछे छुपा हुआ हो
मेरी आत्मा के अट्टहास से बचना

हद पार

औरत के कई मन
कई मनों के कई राजा
औरत एक राज्य जो अपने भूगोल के भीतर नहीं रहता

राजा भूखंडों पर राज करते रह जाते हैं

शरीफ़ आदमियों की घरवालियाँ

आँखें नहीं होतीं शरबती
वो तो गेहूँ होता है
बार-बार गियर नहीं बदलना चाहिए एक्सप्रेस-वे में
बारह तिया छत्तीस होते हैं
और जीवन में छत्तीस के आँकड़े को सुलटाना
खाना बनाने जैसी ही रोचक कला है
सारे हिसाब जानती हैं

शरीफ़ आदमियों की घरवालियाँ बहुत मुस्कराती हैं

हीरामन की गँवई क़सम हो चली हूँ

हलवाई लाख हुनरमन्द हो
मुसाफ़िर खूब समझता है
कि बासी बर्फ़ी पर बैठती हैं मक्खियाँ
पिंजड़ेवाली मुनिया नीरस है
रस हर ओर बरसता है
निष्पाप चाहतें भरी हुई हैं
बैलगाड़ी सरीखे ढचर-ढचर जीवन में
सन्त समझाते हैं कि भूसा भरा है

***

जीवन पैदल चलना सीखने की धार्मिक कोशिश है
बिना हाथी, घोड़े के ख़ुदा के पास भी जाना
झूठ भी नहीं कहना
मुँहदिखाई की रस्म के बाद जाने क्या होगा
सो कर उठती हूँ तो गालों पर ईश्वर की उँगलियाँ उभरी मिलती हैं
कहती न थी एक बार मैं
कि नाचनेवाली का मुजरा ही उसका कीर्तन है
अपना तो कीर्तन भी ईश्वर के सामने मुजरा ही
चाय का कप गुमा है एक
उस पर रेवलॉन के गाढ़े निशान चिपचिप करते हैं
शक्कर-चायपत्ती के साथ बीयर-सा महकता है अदरक
गुमा है बस
मालूम है कि फूटा भी नहीं अब तक

कोई पाए तो बताना
एक बार उसके नाखून काट रही थी
पोंछ रही थी उसका पसीने से तर-ब-तर मुख
बाल सलीक़े से जमा रही थी
चाय की चुस्कियाँ अब तक हलक पर ही जमी हैं
रोटी का वो सूखा निवाला अब गले में फँसता है
जिसमें आलू नहीं रसीले चुम्बन भरे थे
सब रस सूख जाते हैं
मुसाफ़िर दूसरे गाँव की ओर निकल पड़ता है
याद मुनिया पर हज़ार कीर्तनों से भारी है

***

पान की छींट में रंग गयी हूँ
बैलों की घंटी में गुम गयी हूँ
धूल में सनी पसीने में घुली हूँ
लाली रे दुल्हनिया की
लाल चुनरिया-सी उड़ी हूँ
वो एक मोटी गाँठवाला रूमाल रखता है हमेशा
दुखती हूँ उसे
लगती हूँ चुभती हूँ बहुत
मगर टूटती नहीं
हीरामन की गँवई क़सम हो चली हूँ

भोर का ख़्वाब जो टूटे

ख़्वाब टूटे तो हक़ीकत ढूँढ़ो
हक़ीकत छलनी हो तो खुदा को ढूँढो
खुदा खंडित मिले तो नाखुदा को ढूँढो
नाखुदा कश्ती डुबो दे तो खुद को ढूँढो
खुद की अना चूर-चूर हो जाए तो बेखुदी को ढूँढ़ो
बेखुदी बदरंगी हो तो आसमान पर नज़रें टिका दो
आसमान भी टूटकर बिखर जाए तो ठहरना ज़रा फिर
छः फ़ीट का गड्ढा खोदो
और मुट्ठी-मुट्ठी भर के सारा आसमान ज़मीन के नीचे गाड़ दो
सिर पर बिना आसमान के जियो और जीते ही चले जाओ
और जीते ही चले जाओ और बस जीते ही चले जाओ

कहीं कुछ मत ढूँढ़ो

बस! इन्तज़ार करो कि वो, जो कभी न मिटता हो, खुद प्रकट हो जाए
एकदम नग्न
शुद्ध पूरा अडिग अमिट अटूट

उम्मीद

[प्रतिभा के लिए]

बादल जिस दिन तुम्हारे घर की छत पर बरसने से इनकार कर दें
मुंडेर पे बैठी चिड़िया रूठ जाए
और बंजर धरती सोख ले आँगन में बिखरे गीतों की नमी

सड़क के उस पार खड़ा पीपल सूख कर ठूँठ हो जाए
खिड़की के पल्ले के पीछे बना बया का घोंसला आँधियों से बिखर जाए
धूप सख़्त हो बहुत या फिर हवा का रुख उल्टा हो
या फिर घर की दीवारों पर दिखने लगें दरारें

चुक जाए जो किसी रोज़ सूरज का ईंधन
और पहाड़ों के पीछे आख़िरी बार दिन बुझ जाए
बस एक आवाज देना
मैं यहीं हूँ

असह्य पीड़ा ने सिखाया है मुझे
बारिश चहक हरियाली घोंसला और दीवार हो जाना
मैं पूरब के आसमान में उम्मीद बनकर जलूँगी

जिस दिन दुनिया की सारी सड़कें जल-प्रलय में डूब जाएँ
मैं तुम्हारे लिए नूह की नौका बन जाऊँगी

कवि की जेब में

दुनिया भर के दुख मरोड़ खाते हैं उसके ललाट की अनगिन सलवटों में
वो कानों में खचाखच वाहवाहियाँ भरे हुए चलता है

उसकी डायरी में रोटी की गोलाई आकार पाती है
कंठ से उपजे स्वर गढ़ देते हैं बेघरों के लिए मकान
और उसके चिन्तन में कपड़े का विस्तार है
बात रोटी, कपड़े और मकान तक ही कहाँ ठहरती है
छोटे आकारोंवाले बड़े-बड़े सरोकार हैं

ईश्वर से वरदान नहीं माँगता
माँगता है तो बस एक फावड़ा
कि दुनिया भर की समस्याएँ खोद-खोद कर अन्तरिक्ष में फेंक आए

दुखी है वो चिन्तित है व्यस्त है
उसकी जेब में तितर-बितर काग़ज़ के टुकड़े हैं
जल्दबाज़ी में लिखा गया फ़ोन नम्बर या पता भी
पेन की नोक पर अटका हुआ कोई मिसरा या कोई छन्द या चिन्ता
एक पहचान पत्र है जो असल पहचान नहीं बताता उसकी
क्रेडिट कार्ड है जो सामान से ज़्यादा कुछ ख़रीद नहीं सकता
पत्नी के बालों की बासी महक है
बटुए में लगी तस्वीर में मुस्कराती तो दिखती है बेटी
याद नहीं पड़ता

कि आख़िरी बार कब अपने नून की बोरी को काँधे पर लादकर
घर भर में व्यापार किया था
या राजकुमारी का घोड़ा बन ग्यारह सौ फ़ीट बराबर पृथ्वी की सैर पर
निकला था

ईश्वर से वरदान नहीं माँगता
चाहता है वो कोई जेबक़तरा
कि हृदय के ऐन ऊपर रखी जेब सीने पर भारी होती जाती है

उसकी जेब में एक स्थगित क्षमा याचना है

हरित क्रान्ति

[क़िस्सा-ए-फ़ेसबुक]

घर द्वार छोड़ हर कोई एक छोटी गुफ़ा में समाधिस्थ है
भीतर का सारा अँधेरा हरे प्रकाश ने हर लिया है
संसार से विरक्ति
गुफ़ा-ध्यान में मुक्ति है
कृष्ण की बंसी की सम्मोहक तान है
तिलोत्तमा का मादक नृत्य है
बुद्ध का साधक भाव है
आमिर ख़ान की गरिमामयी नंगई है
गाज़ा की 'म्यूट' चीख़ें हैं
हरी ज़मीन पर चमकता है मुजफ़्फ़रनगर का लहू
हर कोई हरि भज रहा है हरे प्रकाश में
हरि तुम हरो हर की पीर
ओबामा है ओसामा है अश्वत्थामा है
हरी लाइट में ग्रीन है सिग्नल
हरा हरा हंगामा है

गुफ़ा के बीचोबीच फूटती है लम्बी सड़क
घर में गुमी सुई सड़क पर मिल जाती है
अजब करतब है
फ़रीद हैं मुरीद हैं शहीद हैं
दिन पर्यूषण तो रातें बकर-ईद हैं
यहाँ डंडे हैं पंडे हैं झंडे हैं
गुफ़ा के बाहर बलात्कार हुआ है

समय की चाल पलट देनेवाले जोशीलों ने
गुफ़ा को ऊँगली की नोक पर उठा लिया है
विरक्त मन को शान्ति है
क्रान्ति है क्रान्ति है क्रान्ति है

समय गिरगिट है
ऋषि छिपकिली में बदल गया है
दीवार गिर भी सकती है
मनुष्यता के हक़ में ऋषि चौबीस घंटे ध्यानस्थ है
कृष्ण हरे हैं राम हरे हैं
हरी है दुनिया हरि की दुनिया

हरि बोल हरि बोल हरी है दुनिया
सूर्य का रंग हरा है
करवाचौथ का चाँद हरी दिशा से उगता है
गुफ़ा में छिटक-छिटक के बिखरा है सिन्दूर
सुहागिनों का वट सावित्री उग आया है भीतर गुफ़ा के
औरतें हरे पंखवाली चिड़िया हैं
चिड़ियाँ उड़ रही हैं हरे-हरे आकाश में
मुक्ति का मतलब केवल हरा प्रकाश है

पुरखों ने ज़मीन नहीं ख़रीदी सेंट पीटरबर्ग में
अपने बाप के नाम पर खेत नहीं है गुलमर्ग में
पर हम बुलन्द क़िस्मत हैं हुजूर
कि रहते हैं हम आशियाना-ए-जुक्खड़ बर्ग में
हरी दीवारें हरी हवाएँ हरा हरा एहसास है
हरी जवानी हरा बुढ़ापा हर उमर हरा प्रकाश है

पूरे ब्रह्मांड का सर्वर बुरी तरह से डाउन है
मगर देखिए साहब!
पृथ्वी थ्री जी कनेक्शन से ऑनलाइन है
गोल-गोल नाचती है समूची पृथ्वी

कि हाय हम पे ये किसने हरा रंग डाला
ख़ुशी ने हमारी हमें मार डाला अल्लाह!
विरक्त मन को शान्ति है
ऐसी वैसी नहीं है, ये हरित क्रान्ति है

खिलौने

[एक टीचर की डायरी से]

आदमी उठा रहा है हाथ
अपने भुजाओं में मचलती मछलियाँ दिखाने को
औरत आवाज उठाती है
अपना फट चुका आँचल दिखाने को
बच्चा अपने खिलौने उठाता है
किसी सुरक्षित जगह उन्हें छुपाने को

मेरे हाथ में अब भी मशाल या हँसिये नहीं हैं
मैंने किसी से लाल सलाम नहीं किया है

सचमुच!
बहुत कुछ उठा कर यहाँ वहाँ रखा जा चुका है
खिलौनों का अपनी जगह पर न मिलना
तीसरे विश्वयुद्ध से कहीं बड़ा ख़तरा है

दरअसल
मैं उस जगह की खोज में हूँ जहाँ बच्चों ने अपने खिलौने छुपा रखे हैं

तिलिस्म

मत ढूँढ़ो मुझे शब्दों में
मैं मात्राओं में पूरी नहीं
व्याकरण के लिए चुनौती हूँ

न खोजो मुझे रागों में
शास्त्रीय से दूर आवारा स्वर हूँ
एक तिलिस्मी धुन हूँ

मेरे पैरों की थाप
महज़ कदमताल नहीं
एक आदिम जिप्सी नृत्य हूँ

अपने पैने नाखूनों को कुतर डालो
मेरी तलाश में मुझे मत नोचो
एक नदी जो सो रही है भीतर कहीं
उसे छूने की चाह में मुझे मत खोदो

मत चीरो-फाड़ो
कि मेरी नाभि से ही उगते हैं रहस्य
इस सुगन्ध को पीना ही मुझे पीना है

मुझे पा लेना मुट्ठी भर मिट्टी पाने के बराबर है
मुझमें खोना ही अनन्त आकाश को समेट लेना है

स्वप्न हूँ भ्रम हूँ मरीचिका मैं
सत्य हूँ सागर हूँ मैं अमृत

अपना भी एक एनीमल फ़ार्म* : षट दर्शन

बिल्लियाँ और सत्संग

सत्संग के दौरान उठनेवाली उनकी डकारें
और उनका अतीत गुँथे हुए हैं
वे घाघ मानी जाती थीं
पर वे बेचारी थीं कि उन्हें कोई भी तीसरी राह नहीं मालूम

आदर्श चीटियाँ

उनके दिल धड़कते थे
पर वे अपनी प्राचीन सभ्यता पर किताब लिखना चाहती थी
यही वजह रही कि चीटियों ने नहीं तोड़ीं कभी कतारें

शेर की ज़मींदारी

वे छोड़ चुके हैं
शिकार को दबोचने के पहले एक क़दम पीछे जाना
चरमराती हड्डियों और उत्तेजना बढ़ानेवाली गोलियों के साथ
वे बढ़ चुके हैं कई क़दम आगे

छिपकली और तत्त्व ज्ञान

गर्व से सीना ताने खड़ी उस दीवार को
रोशनदान से झाँकती है छिपकली
कोई बरगद नहीं है सिर के ऊपर
बस बोध का यह क्षण

कुत्तों का ह्यूमर

गली पर एक साथ कई कुत्तों का भौंकना
कभी ग़ौर से सुनना
वो हँसते हैं इंसानों पर लतीफ़े कहते हुए
अकसर ही रात के तीसरे पहर

मगरमच्छ, आँसू और प्रेम

एक बार उसे सचमुच प्रेम हो गया
वो आँसुओं में डूबा रहा
दरिये का पानी बढ़ता रहा
पर किसी ने भरोसा न किया

---

*एनिमल फ़ार्म : अधिनायकवाद की अवधारणा पर चोट करता जॉर्ज ऑरवेल का प्रसिद्ध उपन्यास।

‘स’ और ‘द’ का अन्तर

*

सुख के गुच्छे जितने घने थे
दुख की जड़ें उतनी गहरी
रात के तीसरे पहर में जागते हुए
ऐसे ही कभी उसने
सापेक्षता के सिद्धान्त के बारे में सोचा होगा

**

वे जुड़वाँ थे
उनकी शक्लें एक सी थीं
जब वे रंगमंच में उतरे
उनकी पोशाकें अलग थीं
दर्शक छले गये
नाटक सफल रहा

***

दोनों ही बेताल थे
एक काँधे पे टँगा रहता था
दूसरा कुछ दूर साथ रहता
फिर उड़ जाता था
दोनों एक से ही थे
दोनों एक ही थे

****

जब सुख हँस रहा था तब दुख हँस रहा था
लेकिन छिपकर
और जब सुख रो रहा था तब भी दुख हँस रहा था
इस बार खुल कर
छिपने और खुलने का अन्तर था
सुख और दुख में केवल स और द का अन्तर था

वसीयत

मेरे मरने के बाद खँगालना मेरा कमरा
टटोलना हर एक चीज़
घर भर में बिन ताले के मेरा सामान बिखरा पड़ा है

दे देना मेरे ख़्वाब उन तमाम औरतों को
जो किचन से बेडरूम तक सिमट गयी अपनी दुनिया में गुम गयी हैं—
बाँट देना मेरे ठहाके वृद्धाश्रम के उन बूढ़ों में
जिनके बच्चे अमेरिका के जगमगाते शहरों में लापता हो गये हैं.

टेबल पर मेरे देखना-कुछ रंग पड़े होंगे
इस रंग से रंग देना उस बेवा की साड़ी
जिसके आदमी के ख़ून से बॉर्डर रंगा हुआ है
तिरंगे में लिपटकर वो कल शाम सो गया है

शोखी मेरी मस्ती मेरी
भर देना उनकी रग-रग में
झुके हुए हैं कन्धे जिनके बस्तों के भारी बोझ से

आँसू मेरे दे देना तमाम शायरों को
हर बूँद से होगी ग़ज़ल पैदा मेरा वादा है
मेरा मान मेरी आबरू उस वेश्या के नाम है
बेचती है जिस्म जो बेटी को पढ़ाने के लिए

इस देश के एक-एक युवक को
पकड़ के लगा देना इंजेक्शन मेरे आक्रोश का
पड़ेगी इसकी ज़रूरत क्रान्ति के दिन उन्हें
दीवानगी मेरी हिस्से में है उस सूफ़ी के
निकला है जो सब छोड़ कर ख़ुदा की तलाश में

बस! बाक़ी बचे
मेरी ईर्ष्या, मेरा लालच, मेरा क्रोध, मेरे झूठ, मेरा स्वार्थ
तो ऐसा करना
उन्हें मेरे संग ही जला देना

ब्रेक अप

[टूटी माला के नौ मोती]

एक

वो मिला था जब
उसके मन पर एक ज़िद्दी ताला पड़ा था
मेरा बचपन इतना एकरस कि उसमें आम तक चुराने की कोई घटना नहीं दर्ज
भला किसी तालाबन्द भवन में क्या सेंध लगाती
सो यहाँ-वहाँ नज़रें फेर लेती

एक दिन वो मेरा हाथ अपने सीने तक ले गया
और दाएँ हाथ की उँगली से ताला खोल दिया
मेरे मन पर भी रही होगी कोई साँकल शायद
उसने खट खट की और बस!
एक उँगली की ठेल से मन खुल गया

हम दोनों के भीतर कोई तिलिस्मी झरना था
पेड़ों पर इन्द्रधनुष उगता
चिड़िया आँखें बन्द किए गाती थी अरदास
सोहनी मटके पे ताल देती
सुबहें थीं कि हँसी हीर की
रात-रात भर चाँद नदी में तैराक़ी करता

हम हर जगह पहुँच जाना चाहते कि जैसे तीरथ पर निकले हों
छूट न जाएँ क़ोई देव

इष्ट रूठ न जाएँ
हर मन्दिर का पंचामृत चखना चाहते
हर गुरद्वारे पर मत्था टेकना चाहते

पर हाय री! सड़कें भूलभुलैया

हम दूर से देख सकते थे पानी पर प्यासे रह जाते
हमारे मन के भीतर तन छुपे थे और तन के भीतर और मन
कितने तो तन थे और कितने मन
कितने तो ताले कितने डाके
कितनी तो दौड़ कितने ईनाम
कितना लालच
कैसी अन्धे कुएँ-सी झोली

हम प्याज़ की परतों जैसे थे
अपने ही झार से आँखें सुजाए बैठे

हम बहुत चले और बहुत चले और बहुत चले

फिर एक दिन अपने-अपने मन की ओर लौट गये
बची हुई नौ उँगलियों के साथ जीने को

सारा जादू बन्द दरवाज़े में है
ताला खुल जाए तो चाबी खो जाती है

दो

जैसे पंखे की ब्लेड काटती है अदृश्य को
अदृश्य के लहू में स्नान कर छूटता है देह का पसीना
ज़िन्दगी के और भी सब सुकून ठीक ऐसे ही भीगे हुए हैं अदृश्य के लहू में

सुस्ताने के लिए नहीं टिकी थी उसके पहले से ही झुके कन्धों पर

सुकून ढूँढ़ती थी मगर हथेलियों में गुम जाती थी
लकीरों के जंगल में फँसी हुई 'एलिस' थी
उसकी हमसफ़र थी पर मैं दर-ब-दर थी

सही बात है कि पहुँचने के लिए चलते रहना चाहिए
पाँव में छाले पड़ जाएँ पर चलते रहना चाहिए
स्वप्न घायल हो तब भी चलते रहना चाहिए
मुख्य सड़कों के साथ लहू की पगडंडियाँ बन जाएँ तब भी चलते रहना चाहिए

कि इतनी दूर तो नहीं होती कोई भी जगह
जहाँ से लौट के आने की गुंजाइश न बचे

मैं चलने से न थकी न डरी कभी
वो तो आस्तीन के छींटे हैं कि पाँव बाँध देते हैं

तीन

आज एक सुनी-सुनाई कथा कहूँगी

एक पेड़ के पास से एक बच्चा गुज़रा
धूप से हलकान था वो, पेड़ ने छाँव दी। अब उस रास्ते से गुज़रते हुए अकसर वो पेड़ के पास आने लगा। पेड़ ने चिड़ियों की चहक दी, मीठे फल दिए। कुछ और बड़ा हुआ तो एक लड़की के प्रेम में पड़ गया। पेड़ ने अपने सारे फूल उतारकर लड़के को दिए कि वो लड़की की चोटी के लिए वेणी गूँथ ले। कुछ समय बाद लड़की उसकी पत्नी हो गयी। रोज़गार नहीं था। फिर पेड़ के पास गया। अब की बार पेड़ ने लकड़ियाँ दे दीं। लकड़ियाँ बाज़ार में बेचने का काम शुरू हुआ और जीवन चल पड़ा।

नीति कथाओं की मानें तो देनेवाला और घना हो जाता है, और बड़ा हो जाता है। मगर सत्य कथाएँ कुछ और ही कहती हैं। दुनिया देख ली है

बहुत, और सचमुच! देनेवाला आख़िर में ठूँठ रह जाता है। इतना दिया है इस पेड़ ने कि इससे कविता निचोड़ना पाप-सा लगता है। इस पर कुछ भी कहना ऐसा जैसे आख़िरी बार कुल्हाड़ी चलाकर इसे नष्ट कर देना।

'फ़ीनिक्स' सरीखे होते हैं कुछ दुख
जिस आग में झुलसते हैं उसी से फिर पैदा हो जाते
कुल्हाड़ियों से भी कहाँ मिलती है मुक्ति
जंगल-जंगल प्रेत-सी भटकती हुई कोई बात
कुछ नहीं नष्ट होता पूरा कभी कि आख़िर में ठूँठ बचा रह जाता है

पता है खूब मुझे कि इच्छा का ग़ुलाम होना क्या होता है
और ये भी कि हर ग़ुलाम सलामी बजाने नहीं झुकता

कितनी तरह से झुक जाते हैं लोग
होता है कोई जो लालसाओं के बोझ से झुक जाता है
कोई झुक जाता है वक़्त की बेरहम मार के आगे
कोई बेवजह ही झुकने की अदाकारी करता
नाटक पूरा होता और पर्दा झुक जाता
कभी हो जाता है साथ-साथ ही मंच पर पर्दे का झुकना और आँख के पर्दे का उठना

बड़े ख़ूबसूरत होते हैं आत्मा से झुके हुए लोग
फलों से लदी डाली का झुकना पेड़ की नमाज़ है
झुकी नज़रों के सामने झुक जाते हैं आसमान सातों
भार से झुकना और आभार में झुकना
कि झुकने-झुकने में बड़ा फ़र्क है, पियारे!

कितना भी फेंट लो ज़िन्दगी को इस उम्मीद में
कि अब कि बार मन-माफ़िक पत्ते आएँगे
कोई तो चाल अपने हक़ में होगी
पर क्या कहें ?

बाज़ियाँ ऐसी भी देखीं जिसमें सारे खिलाड़ी हार जाते हैं
मैं एक बेबस बूढ़े आदमी को पहचानती हूँ
उसका क़िस्सा भी क्या कहना कि वो तो पहले से ही ग़ुलाम था
बहुत आसान था बेग़म की तरह उस पर हुक्म चलाना
पर ये सन्तानहीन औरतें भी कहाँ-कहाँ औलाद खोज लेती हैं

बूढ़े आदमियों में छुपे चौदह साल के लड़के बहुत तेज़ छलाँग लगाते हैं
इस डाली से उस डाली तक कूदते-फाँदते उम्र को देते पटखनी
औरत फूल सी खिलती, फलों सी उग जाती है
इच्छा के ग़ुलाम को मिल ही जाती बादशाहत
अपने साम्राज्य के झंडे झुका देती है एक औरत
झुकना, अपने आप में बात है पूरी
ठीक वैसे ही जैसे किसी बच्चे का खिलखिलाना
और एक पूरी सदी की प्रार्थना का सफल हो जाना

पूरी बातें बड़ी आसानी से पूरी हो जाती हैं
बिना किसी दाँव-पेंच के
बिना किसी बहस के

खेल के सारे नियम तोड़कर राज करता है ग़ुलाम
हुकुम के चारों इक्कों पर
वो इच्छा का ग़ुलाम था
औरत उसकी इच्छा पूरी करने की इच्छा की ग़ुलाम

कहते हैं कर्ण ने तो आख़िर में दिए थे
मगर ये जो ममता होती है न!
सबसे पहले कुंडल-कवच दे कर निहत्थी हो जाती है

और पेड़ आख़िर में ठूँठ बचा रह जाता है

चार

उसकी कमीज़ से प्रेम करती रही मैं
पसीने की तरह उसकी देह से फूटती रही
बूँद-बूँद माथे पर टपकती रही ऐसे जैसे उसकी गाढ़ी मेहनत की कमाई हूँ
उसके नाखूनों को काटते वक़्त ख़ुद ही काटती रही अपनी बिरहिन रातों के तर्क
उस गली तक से प्रेम करती रही जहाँ से कभी गुज़रना पड़ा हो उसे
बारिश या ट्रैफ़िक की मजबूरी में भी

उसकी मजबूरियों को कलेजे से चिपकाये फिरती रही

चिलचिलाती धूप में चलती रही मैं सूर्य से प्रेम करती रही
उसके नाम के हर पर्यायवाची से प्रेम करती रही
उस औरत से प्रेम करती रही जो सोने के पहले उसे चादर ओढ़ा देती है
वक़्त पर उसे दवाइयाँ देनेवाली उस औरत के हाथों से प्रेम करती रही
मैं उस बच्ची से प्रेम करती रही जिसकी मुस्कराहट उसे ज़िन्दा रखती
उन तमाम औरतों से प्रेम करती रही जिनका नाम उसके क़िस्से में आया एक बार भी
उस वक़्त से प्रेम करती रही जब चौदह साल के लड़के ने नवीं जमात की लड़की को लिखी पहली चिट्ठी
मैं कुछ ज़रूरी तारीख़ों से प्रेम करती रही

फिर एक दिन मैं भी वही हो गयी

बह चुका पसीना
कटा हुआ नाखून
मजबूरी में ली गयी सड़क
खुराक़ पूरी हो चुकी दवा
नवीं जमात में रुक गयी लड़की
बीती हुई तारीख़
छूटा हुआ वक़्त

उस औरत के गले मिल कर रोना चाहती हूँ एक बार
जो बहुत पढ़ गयी पर नवीं जमात से आगे न बढ़ पायी अब तक
हम सब जो उसकी पूर्व-प्रेमिकाएँ हैं, हम एक सामूहिक विलाप हैं
हम, अपने प्रेम के दाह-संस्कार में आई रुदालियाँ हैं
और मैं उसके प्रेम का अन्तिम शोक-सन्देश हूँ

इस सारे रुदन के बीच कहीं एक किलकारी है
मैं सुन सकती हूँ
उसके कानों में रुई ठुँसी है

मैं उसके अजन्मे बच्चों से प्रेम करती रही

पाँच

उसने कहा कि खुद को मेरे हवाले कर दो
मैंने खुद को उसके हवाले कर दिया
मैं उसके हवाले रही वो हवलदार हो गया
अजीब सज़ा है
बिना किसी गुनाह के हाथों में हथकड़ियाँ पड़ गयीं
ज़िन्दगी की जमानत ली गयी
और फिर सड़कों पर छोड़ दिया गया

मैं जो उसके हवाले रही
'हवा ले' रही हूँ बाहर की
बड़ी ख़राब हवा बहती है इन दिनों
सब कुछ बहा ले जाती है
बाबा भारती ने कहा था कि मत कहना किसी से
वरना कोई किसी का भरोसा न करेगा
सो न कहूँगी कुछ

हवा ले रही हूँ बहुरूपिये ज़माने की

हरे रंग से निर्वासित हूँ
बरगद से झरा सूखा पत्ता हूँ
कहाँ उड़ जाऊँ पता नहीं
हवा का रुख पता नहीं

फिर से इन बंजारन हवाओं के हवाले हूँ

छः

वो लम्बी दूरी का यात्री है
हर स्टेशन पर उतर जाता, ठहर लेता है कुछ देर
फिर चल देता है

इतने लम्बे सफ़र की कुछ ख़बर मुझे भी है
वक़्त उसे अपनी अहमियत बताना चाहता
और वो वक़्त को इतनी फ़ालतू की चीज़ समझता कि 'टाइमपास'
करने लगता
वक़्त बेरहम ने उसे लोहे के चने पेश किए
मगर वक़्त को मुँह चिढ़ाने के लिए उसने मूँगफलियाँ खायीं और हवा
में छिल्के उड़ाए
कितनी बार बेस्वाद चाय चखी, छोड़ी
कितने कुल्हड़ फोड़े
टिकट चेकर पूछता है, "कहाँ?"
"कहीं भी" उसकी आँखें कहतीं
क़ीमत देता है वो चलने की
क़ीमत लेता है साथ चलने की

कुछ शहर उसका नाम पुकारते हैं और अपने भीतर बुला लेते हैं
मनमौजी–सा चला जाता है
इन मुसाफ़िरों के कोई घर नहीं होते
सरायों में उम्र काट देते हैं

गुज़र जाते हैं एक बार जिन सरायों को छोड़कर
पलट कर नहीं देखते फिर कभी
किसी-किसी सराय में एक रात की रोनक ही इतनी तेज़ होती है
कि उम्र भर भी कोई घर इतनी रौशनी नहीं उगल सकता

घर कब सराय हो जाते हैं
सराय कब घर, पता भी नहीं चलता
और एक वो! कि कहीं नहीं ठहरता
छूट चुके स्टेशन भी कभी मुड़कर नहीं देखता

वो वक़्त जो गुज़र गया जाने कहाँ गया है
वो वक़्त जो आया नहीं जाने कहाँ रुका हुआ है
मेरी पसलियों में जो जमा है कौन-सा वक़्त है
दिल धक्-धक् में नहीं टिक-टिक में धड़कता है

किसके सम्मोहन के भय से भागा है वो
किसकी प्रीत के तप में जल कर भागा है वो
किसको खोजता है वो स्टेशन-दर-स्टेशन
किससे बचता है वो जीवन-दर-जीवन
क्यों वो चला जाना चाहता है 'कहीं भी'
क्यों नहीं ठहर पाता कहीं भी
पूछना मत कोई, उन बेबस आँखों को पढ़ना
बस! उन हब्शी इशारों को पढ़ना
वो आदमी जिस ट्रेन में सवार है, क्या वो 'लेट' होती है कभी
चौदह से पचास की उम्र तक में पड़े उसके सफ़र के हर स्टेशन पर मैं
खड़ी हूँ

तेज़ दौड़ती घड़ियों को चुनौती हूँ
उस भागते हुए आदमी का मैं एक बेशरम इन्तज़ार हूँ

सात

भीड़ भरी सड़क पर बड़े दीवानेपन से एक दिन उसने मेरा नाम पुकारा। मैं भागती हुई उसके पास तक गयी और उस पर बेतहाशा चिल्लाने लगी। "तुम एकदम पागल हो क्या? ऐसे मेरा नाम चिल्लाने का मतलब? सब क्या सोचेंगे?" उसने मुझे अपने सीने में भींच लिया। "दुनियादारी की बड़ी फिकर तुम्हें?"

दुनियादारी!
उसके सीने से हटी और उल्टे पाँव से दुनिया को जो 'किक' मारी तो दुनिया सीधे गोल-पोस्ट के बाहर। उसका नाम उठाया मैंने हाथों में, उस पर जमी धूल झाड़ी और सजाया। उसे अपनी दुनिया का अर्थ बताया। मुझ पर लाड़ जताते हुए उसने मेरी दुनिया में कदम रखा और प्रतिज्ञा की कि इस जन्म तो क्या किसी जन्म में भी इस दुनिया से बाहर नहीं हो सकता। मेरी दुनिया उसके नाम से जगमगाने लगी। मगर उस दिन जब तेज़ बुखार की हालत में मैं उसका नाम बुदबुदा रही थी बहुत धीमे-धीमे, उसके घर की खिड़कियों के शीशे चटक गये। उसने चीख़ कर कहा "तुम पागल हो गयी हो क्या? इस तरह मेरा नाम लेने का मतलब? घर की खिड़कियाँ!"

घर? दिल क्या टूटता, साहब? इतने दिनों बाद उल्टे पाँव की हड्डी टूट गयी।

न मैंने आम तोड़े बचपन में, न खिलौने तोड़े, न जवानी में ताले तोड़े न ही कभी क़समें-वादे ही, मगर मेरे इर्द-गिर्द टूट-फूट का समृद्ध इतिहास है। माना कि आप साबुत, सही-सलामत, शरीफ़ लोग दुनिया चलाते हैं, मगर ये हम टूटे-फूटे लोग ही हैं, जो दुनिया बचाते हैं। हमें सुनिए कि हम मोज़ार्ट की धुनों में खनकते हैं, हमें सूँघ लीजिए कि हम गुस्ताव के 'द लास्ट किस' में महकते हैं, हम में भीग जाइये कि हम वांग कार वाई के जादुई पर्दे पर बरसते हैं। हम इज़्ा के नृत्य में पनाह पाते हैं, मजाज़ के शराब के प्याले में डूबते-उतराते हैं, हुसैन की कूँची में आकार पाते हैं, अमृता की स्याही में घुल जाते हैं।

छतरियाँ क्या हैं? हम छतों को उड़ा चुके बारिश में टूटकर भीगे हुए लोग, हम टूटे स्वप्न के टुकड़ों को आँखों में सहेजे हुए लोग, हम टूट कर प्यार करनेवाले और बिखर जानेवाले लोग, सनम की टूटी क़समों को खीसों में भरे बेवजह खीसे निपोरते लोग, हम नियम तोड़कर सड़क के दाहिनी ओर चलनेवाले लोग, हम बाँध के टूटने से नदी में बहकर मारे गये लोग!

हमें टूटी खिड़कियों का भय कोई दिखाता है तो हँसी आती है। हम टूटी हुई गुरियों को सहेजनेवाले लोग हैं। हम टूटे-फूटे लोग साँस टूटने से नहीं डरते। किसी बच्चे की आँख का मोती टूटने से डरते हैं, साहब!

आठ

''बरसात में रग्बी खेली है कभी? खेलकर देखना।''
''उँहू। मुझे नहीं खेलना।''
नीली-नीली नींद में वो मेरी रग्बी लेकर भागता है. मैं उसके पीछे-पीछे...
पेड़-पहाड़, दरख़्त, नदियाँ, चट्टानें सब-के-सब खेल में शामिल। वो चकमेबाज़ मुझे पर्वतों की नोक पर गिरा देता है। ''मुझे नहीं खेलना। पीठ पर घाव हो गया. ऊँचाइयों की नोक चुभती है। नहीं..नहीं। मुझे नहीं चाहिए।''
वो मेरे चेहरे पर मिट्टी लपेट देता है। मुझसे लिपट जाता है।
''ले! रख ले अपनी रग्बी. ये रग्बी तेरी और तू मेरी, और तू मेरी, और तू मेरी!''
सब बरसात के खेल हैं। नीला-नीला मौसम गुज़र जाता है।

जैसे बचपन में किसी ने उसका बैट-बॉल छीन लिया हो
तब से आज तक वो हर चीज़ से खेल रहा है
उल्टी हवा से खेल रहा है आग से खेल रहा है
छोटे से छोटे खेल से पूरा कर लेता है बड़े से बड़ा बदला

बड़ी से बड़ी बात को भी किसी खेल से बड़ा नहीं मानता
खेल सा जीता है जीवन वो खेल खेल में मर जाता है
चौसर बिछा लेता है बड़ी बहर की पक्की चालें चलता है
नाज़ुक ग़ज़लों से खेल लेता है
दाँव पर लगा देता है बेंदी-टीका
कान की बाली को कौड़ी कर देता है
अच्छी लगती हैं उसे डब-डब-सी आँखें
काँच-सी आँखों से वो कंचे खेलता है
छुप जाता है कभी-कभी उलझी लटों के पीछे
पतंग बनाकर आसमान में खूब उड़ाता है ख़्वाबों को
कितना खेला छुपनछुपाई, पकड़मपकड़ी
सही निशाने तीरंदाज़ी
जज़्बातों की कन्ना-दूड़ी कितना खेला
कभी छुपाया, कभी उछाला बेबस मन को गेंद समझकर कितना खेला
दिल गिल्ली पर क्रोधी डंडा कितना खेला
छाती पर उँगली रखकर चिड़िया उड़ और तोता उड़ जी भर कर खेला

फिर एक दिन सारे खेल खत्म हो ही जाते हैं
खेल खेल में पंछी उड़कर बहुत दूर निकल जाते हैं

नौ

कहते हैं हर कथा का नायक वही होता है जिसने कथा लिखी
मेरे एकतरफ़ा बयानों को कोई न सुने
प्रेम तो आँखों में पट्टी बाँधें हुए था
इस लिहाज़ से प्रेम को न्यायप्रिय होना चाहिए
क्या दलील दूँ उसकी ओर से कि क़यामत के दिन उसे माफ़ किया
जाए

ये तथ्य है कि मुक़दमा उसके ख़िलाफ़ है
ये न्याय है कि उसकी वक़ालत मैं करूँ

उसने प्यार किया था
चाहे पल भर को ही सही
क़त्ल मेरा आख़िर उसका ही तो हक़ था

मी लॉर्ड! मेरे हत्यारे को दोषमुक्त किया ज़ाए
क्या इतना काफ़ी नहीं कि उसके पास भी तो एक दिल हुआ करता था

दिल, जिसे डॉक्टर मशीन से पढ़ता है
आड़ी-टेढ़ी लकीरों में पढ़ता है
मैं ठहरी अनपढ़-गँवार!
दिल से दिल पढ़ बैठी
मैं दिल को डूबती-तेज़ होती धड़कनों में पढ़ बैठी
मैं ग़लत पढ़ बैठी, मी लॉर्ड!
उसे दोषमुक्त किया जाए
हमारे हक़ में इतना तो हो कि इस मुकदमे को यहीं छोड़ दिया जाए

तीन बार तलाक़ के उच्चारण से कहीं ज़्यादा कट्टर है उसकी चुप्पी
इतना ही कट्टर प्रेम उसका
ऐसी ही कट्टर घृणा उसकी
इतना ही कट्टर चुम्बन
इतनी ही कट्टर विरक्ति
ऐसी ही कट्टर मुक्ति
सलीब पर टँगी है उसकी मुक्ति कीलों से बिंधी हुई
सहते-सहते कब्र में ढह जाएगा मगर खुद के बचाव में कभी मुँह न खोलेगा

ये कमज़ोर लोग इतने कट्टर क्यों हो जाते हैं, मी लॉर्ड!

मैं इस मतलबी संसार में उसकी इकलौती वक़ील हूँ
उसका कोई बयान मैं आपको सुनवा नहीं सकती
उसकी चुप्पी उसके हक़ में सबसे बड़ी दलील है
उसकी बेबस चुप्पी सुनिए, मी लॉर्ड!

पूरी बातें बड़ी आसानी से पूरी हो जाती हैं
बिना किसी दाँव-पेंच के
बिना किसी बहस के
अधूरी बातों के मुकदमे चल जाते हैं

पक्के मकानों के भीतर ढहते कच्चे घरों पर मुकदमे चल जाते हैं

इस क़िस्से को आधा छोड़ दीजिए
हमें अधूरा छोड़ दीजिए
उसे मेरी हत्या के अपराध से दोषमुक्त कीजिए

और कुछ नहीं तो, हमें कोई और तारीख़ दे दीजिए, जनाब!

उबरने में डूबी हुई औरत

मौत छू आनेवाली औरतें
जीती हैं कम
जीने का स्वाँग करती हैं ज़्यादा

मरने का स्वाद जीने नहीं देता
जीने की भूख मरने नहीं देती
कपड़े और मन बदलने के बीच बहुत तेज़ भागती है
उम्र कमबख़्त!

प्रेम में सिर तक डूबने के बाद बच गयी औरत
अपने किरदार में इतनी पक्की हो जाती है
उबरती है कम
उबरी हुई दिखती है ज़्यादा

उबरने में डूबी हुई औरत खाना कम खाती है
पानी पीती है ज़्यादा
सुनती कम है
ऊँची आवाज में बात करती है ज़्यादा
ग़ुस्सा कम करती है
माफ़ करती है ज़्यादा

कहानियाँ कहती है ढेरों
मुश्किल जगहों के आसान पते बता देती है

घड़ी देखती है बहुत ज़्यादा

कम भेजती है चिट्ठियाँ
पुरानी पढ़ती है ज़्यादा
समझती कम है समझाती है ज़्यादा
जो कहीं ज़िक्र हो जाए उस आदमी के नाम का
एकदम से चुप हो जाती है

उबरने में डूबी हुई औरत
बैठना नहीं छोड़ती भगवान के पास
पूजती है कम कोसती है ज़्यादा

शायर ! ओ शायर !

छोटी बहर से बुहार तो दो बदक़िस्मती घर की
रदीफ़-काफ़िये की जुगत से नहीं आता महीने का सौदा
बिजली का बिल नहीं जमा हुआ अब तक
अपनी ग़ज़लों से चाँद नोच कर घर में ज़रा रोशनी कर दो तब जानूँ
प्याज़ का दाम आसमान छू रहा है
अब कहो इरशाद !
या हाथ बढ़ाकर आसमान से किलो भर प्याज़ ही तोड़ लाओ
कमज़ोर नज़र का चश्मा है उसका
जिसके काँच दरकाकर भरे तुमने अपने शराब के प्याले
किनारे रखो वो गिलास और दो चम्मच कफ़ सिरप पी लो
खाँस रहे हो चार दिन से और कहते हो चार ही तो दिन मिले
दो आरज़ू के दो इन्तज़ार के
छाती के बाल हैं कि मकड़ियों का जाला है
कौन मकड़ी थी वो जो बुन गयी है घर अपना
टीस की सींक फँसाकर अपने सीने में
एक उम्र से कलेजा सेंक रहे हो इश्क़-अँगीठी पे
इन चटोरे लोगों का क्या
आते हैं कबाब चट कर फुर्र हो जाते हैं
जलाते ही जाते हो दिल अपना बिना ये समझे
कि ऐनकवाली असल में जाली थी
समझती थी ख़ूब कि भुने दिलवालों के यहाँ ही तो भुनाए जाते हैं
हर तरह के जाली नोट
भूल जाओ उस चेहरे को ठीक वैसे ही

जैसे भुला चुके हैं हम अपने जीवन से चित्रहार सन्तरेवाली गोली
सिगड़ी, चवन्नी का सिक्का, रेडियो सिलोन या आँगन की तुलसी
ग़ालिब-मीर से भी कहो कि अब जाएँ अपने-अपने घर
घरवालियाँ परेशान होती होंगी
अपने ही घर को देख लो ज़रा!
चार बरस से जाम हैं खिड़कियों के गुटके
कैसी बरसात थी उस साल की भी
लकड़ियाँ सूजने पे आई थीं
बन्द नहीं होते घर के दरवाज़े-खिड़की
दाढ़ी पर तितलियों को बाग़ का वहम है
तितलियाँ उड़ती हैं घर भर में
खिड़कियों की मरम्मत भी करनी है
चलो! शादी का एल्बम देखते हैं
अरे हाँ! याद आया
फ़ोन करना है इक पुतइये को
दुर्गा पूजा के पहले रंग-रोगन करना है
दीवारें कहाँ-कहाँ से तो चटक गयी हैं
उठो तुम भी अब
पीली पड़ती बातों को अब और न चमकाओ
बेटी के हाथ पीले करने हैं

मृत्यु के स्वप्न में एक साँस प्रेम की

जिस सड़क पर चलकर हम यहाँ तक पहुँचे हैं
वो यहाँ समाप्त होती है
इस पर चलते हुए हमें कभी लगा ही नहीं
कि ये समाप्त भी हो सकती है
सारी सुन्दर चीज़ें यूँ ही छलती हैं
ठीक वैसे ही जैसे जीवन
कभी होश नहीं रहता कि जो हर क्षण खर्च हो रहा है
एक दिन पूरा ही चुक जाएगा
अब जबकि सड़क समाप्त हो चुकी है
अपनी हथेली पर मैं महसूस कर रही हूँ तुम्हारी हथेली की कसावट
देख रही हूँ अपनी कलाई पर उभर आए तुम्हारी अँगुलियों के निशान
महसूस कर रही हूँ तुम्हारी झल्लाहट
और मेरी कलाई पर लगातार बढ़ती हुई तुम्हारी जकड़
सड़क के आखिर छोर पर सीखा हुआ पाठ—रोते हुए मुस्कराना

अमेज़न के घने जंगलों को ढाँकते हुए ये जो फ्लाइओवर जाता है
इस पर चलकर मुझे आगे जाना है
हवा के इस ब्रिज का एक सिरा धरती पर कहीं दूर खूँटे से बँधा हुआ है
जबकि दूसरा आज़ाद पतंग की तरह लहराते हुए आकाश में दूर तक
चला गया है
जीवन के उस पार बहुत कुछ बदल जाता है
पर रंग ज्यों के त्यों ही रहते हैं
अभी देखी है मैंने अपनी कलाई

मुक्ति का उत्सव

आज की रात मैं सड़क पर ही काटूँगी
ओढ़ के आसमान की चादर चाँद को जूड़े का फूल बना लूँगी
मेरे मकान की एक एक ईंट चार मौसमों की भट्टी में पकी हैं
अनन्त तक फैली चार दिशाएँ हैं मेरे कमरे की चार दीवारें
मैं दीया हूँ नन्हा-सा
अँधेरी रातों में जगत को दिया सूर्य का आश्वासन हूँ
देखो! यह अथक सड़क पुकार रही है मुझे
सदियों से प्रतीक्षारत विरहिणी की तरह बाँहें फैलाए

उत्सव है यह
उड़ने का, जुड़ने का, खोने का, होने का

आओ कि ख़त्म हो जाता है समय यहाँ
आओ कि अनन्त में कोई दूरी नहीं होती
आओ कि आ जाने की चाह से बड़ा बल क्या
आओ कि आने से ही छिलेगा तुम्हारी आत्मा का आवरण

उत्सव है ये
जलने का, बुझने का, हँसने का, रोने का

नाच है जैसे थिरकते हैं हवा की थाप पर केश मेरे
ये शामिल होना है मुझमें
जैसे शामिल है हवा सृष्टि के हर निर्वात में भी

लाइलाज है मेरा प्रेम जिसे तुमने अपराध जाना
पानी में घुलकर उसके रंग को काला कर देती है जैसे चाय
अपराध कुछ वैसा ही

उत्सव है यह
घुलने का, गलने का, डिगने का, थिरने का

मैं शामिल हूँ सब में जो तुम में है शामिल
याद है वह लम्हा जब छू लिया था मैंने तुम्हें
प्रेम के तिनके से
लहकी थी गुदगुदी तुम्हारे कान के किनारे
कैसे फैली थी तुम्हारी देह के हर हिस्से में
अगले ही पल तुममें नेह का ज्वर जगा था

वह प्रेम का संक्रमण था
मुक्ति की छूत
लग गयी अब तुमको
बच के कहाँ जाओगे
कितना भी भटको
इसी सड़क आओगे

बुद्ध की चाह में

मैं एक प्याला हूँ चाह से भरा
छलकती है चाह
फ़र्श पर चिपचिपाती है
भिन-भिन करते हैं मक्खियों जैसे दुख
आते हैं पीछे बुद्ध
मारते हैं पोंछा
कितने गहरे धब्बे कि छूटते नहीं

सुकरात को याद करते हुए

जिस दिन वो दुनियावी ऐनक टूट गयी थी
तुम सबने मिलकर मेरी आँखें फोड़ दी थीं
बस! उस दिन से ही भीतर एक ढिबरी जलती है

संदिग्ध

सारे प्रेम सही होते हैं शुरुआत में
संदिग्ध होते हैं बीच में
और अन्त में ग़लत हो जाते हैं

अकसर सारे सत्य ग़लत से मालूम पड़ते हैं शुरुआत में
संदिग्ध दिखते हैं बीच में
और अन्त में सही हो जाते हैं

एक ही जगह होती है
जहाँ प्रेम और सत्य संदिग्ध हो जाते हैं
क्षण भर को लगा जैसे साया-सा कोई पकड़ में आया था

साया-सा...
ईश्वर की पहचान है संदिग्ध अब भी

घोषणा से पहले

इससे पहले कि मैं ये घोषित कर दूँ
डाल दो मेरे पैरों में बेड़ियाँ
चढ़ा दो मुझे सूली पर
टाँग कर सलीब पर मुझे
मेरे हाथ–पैरों पर कीलें ठोंक दो
या फिर पिला दो प्याला ज़हर का

इससे पहले कि मैं ये घोषित कर दूँ
मैं ही धरती हूँ मैं ही वायु, आकाश, जल और अग्नि भी
मैं ही हूँ पेड़–पहाड़
नदियाँ नौतपा और इन्द्रधनुष
महौट की बारिश भी मैं जेठ का सूखा भी मैं

आँधी बवंडर सुनामी भी मैं ही हूँ

मैं ही कनेर हूँ गाजरघास हूँ बेशरम का फूल
गौतम के सिर पर खड़ा हुआ बरगद भी मैं
मैं ही दलदल हूँ
मैं ही गड्ढे कूड़ा–करकट कीचड़–कचरा मैं ही हूँ
मैं ही भूख हूँ मैं ही भोजन
मैं ही प्यास हूँ और अमृत भी मैं
मैं दिखती भी हूँ, छिपती भी हूँ, उड़ती भी हूँ, खिलती भी हूँ

मैं अनन्त हूँ, असीम हूँ, अविभाज्य हूँ

इससे पहले कि मैं ये घोषित कर दूँ
मार दो गोली मुझे चौराहे पर

सोमवार से शनिवार के बीच कहीं

[भन्ते! यह संसार असार है.. और मुझे इस 'असार' से घोर आपत्ति है।]

प्रेम आता है जीवन में शनिवार की तरह शोर मचाते हुए
जलते हुए उबलते हुए
हौले से सेंकता है हर पीड़ा
हर दूसरे काम की छुट्टी कर रात भर नाचता है 'यानी' की धीमी धुन पर
रंग-बिरंगे लिबास में कोलाहल भी करता है

शनिवार का ज्वर धीरे से उतरता है

जीवन में सोमवार बनकर भी ठहरता है प्रेम
ठंडापन ख़त्म नहीं होता शॉल की गर्माहट से
बर्फ़ जम जाती है उँगलियों की पोरों पर
चादर पर कोई नाम उकेरते नहीं बनता
उदासीनता का जाड़ा काटे नहीं कटता
कभी बुझे अलाव कुरेदता है
मन ठिठुरता है

सोमवार कैलेंडर की उदासी का उच्चारण है

सुलगकर बुझ जाना ही जीवन है तो व्यर्थ है
मैं जियूँ तो ऐसे कि जैसे गीले बालों से टपकता हुआ पानी
मरूँ जब रेगिस्तान के हृदय से फूट पड़ें झरने
मैंने काटी हैं शनिवार की सुलगती रातें और सोमवार के ठंडे दिन

दिन अगर खोखले बाँस हैं
तो मैं चाहती हूँ बाँसुरी पे तान छेड़ना
मिट्टी में मिलना ही देह की नियति है
तो मिट्टी बनूँ मैं उस धरती की
जिसका स्वामी प्रेम हो

आओ प्रेम!
मेरी देह के वन में शरण लो
हिरण से उछलो तो कभी सिंह की तरह राज करो
कभी चुपचाप वनलता से बढ़ते चलो
मैं तुम्हारा आखेट न करूँगी
मेरा हृदय तो तुम्हारे तीर से बिंधा हुआ है
मस्तक जो आकाश को छेद कर ऊपर निकल जाता था
धूल-धूसरित धरती से मिला हुआ है

मैं ढूँढ़ती थी कोई जगह सोमवार से शनिवार के बीच
जहाँ गर्माहट और ठंडेपन का आभास मात्र हो
कुछ देर बुद्ध के निकट मैं जाकर बैठ गयी

मद्धम आँच की सेंक में उस दिन प्रेम मेरा बुधवार हुआ

फिर कृष्ण ने कहा...

कि मुझसे मिलना हो तो
मेरे चमत्कारों के पार मिलना
मुझ तक पहुँचने की राहें
सन्नाटों से रौशन है

वो एक गोरखधन्धा है

पुकारती हैं परछाइयाँ फिर भागती हैं
परछाइयों में दिखता है परछाइयों में छिपता
मैं खोजती परछाइयाँ
परछाइयाँ कहती हैं

उसका क्रोध देखना हो तो तमतमाया सूर्य देखना
उसकी मौज देखना हो तो बारिश देखना
उसके माथे की सलवटें देखना हो तो नाज़्का की रेखाएँ देखना
उसका मौन देखना हो तो प्रशान्त महासागर का गर्भ देखना
उसकी दृष्टि देखना हो तो अन्तरिक्ष देखना
उसकी हँसी देखना हो तो बच्चे देखना
उसके आँसू देखना हो तो प्रेम में डूबी स्त्री देखना
उसका श्राप देखना हो तो जीवन देखना
उसकी करुणा देखना हो तो मृत्यु देखना

कामयाब जादूगर है कि मेरी इन्द्रियों की पहुँच से परे है
पर यहीं कहीं

वो ईश्वर

प्रतीक्षा

ढाई छलाँग में पृथ्वी नाप लेता है अपना घोड़ा
कितनी भी चालें चलो नापे नहीं नपता ये संसार

बाहर कोलम्बस होना था और भीतर से बुद्ध
कोलम्बस मन पर बुद्ध को ओढ़े हम बरगद के नीचे बैठ गये
सारे के सारे उत्तर पलायन कर गये
पेड़ पर उल्टे लटके बेताल के पाँव दुखते होंगे

उत्तर की खोज में निकले चुम्बक दक्षिण की ओर मुड़ जाते हैं
रास्ते मानते हैं ये बात कि कोलम्बस मात्र यात्री नहीं
'त्र' पर आ की मात्रा है
जैसे जानते हैं धरती, जल, अग्नि, आसमान और हवा ये बात
कि शोध नहीं हैं बुद्ध शुद्ध बोध हैं

लहू से लथपथ मेरे स्वप्न में उड़ती है एक चिड़िया
घूमती है गोल गोल टहनी पर वापस आ बैठती है
चहचह सी उसकी प्रतीक्षा के फल में

एक दिन सारी दिशाओं को उत्तर हो जाना चाहिए

□□□